CFA
국제재무분석사
완전합격가이드

21세기
최고유망
자격시리즈

CFA
국제재무분석사
완전합격가이드

한국증권금융연구소 CFA교육팀 지음

굿인포메이션

왜 CFA인가?

우리나라의 낙후된 금융시스템과 증권·금융 전문인력의 부족은 IMF 사태와 같은 금융위기를 야기시켰다. IMF 이후 국내자본시장은 한층 더 발빠른 개방과 구조조정 등을 통해 안정적인 궤도로의 진입을 진행해 가는 중에 있다. 이같이 변화하는 국내자본시장의 분위기 속에서 선진국에서 이미 그 명성이 높은 증권·금융분야 최고의 자격증인 CFA가 국내에 소개되었다.

현재의 국내자본시장은 과거에 비해 비약적인 발전을 거듭해 왔다. 해외의 유수 증권·금융기관들이 국내시장에 진출함으로써 국내자본시장의 발전에 많은 영향을 주었으며, 다양한 금융상품들이 개발되면서 수준높은 전문인력의 수요가 많아졌다. 이로 인해 우리나라에서도 선진자본시장의 요구에 부합하기 위해 국제감각과 전문지식을 지닌 CFA Charter 소지자들을 필요로 하게 된 것이다.

CFA 프로그램은 자산운용 및 투자분석에 관한 전문가들의 욕구와 실무지식을 충분히 습득할 수 있도록 초점을 맞추고 있다. 뿐만 아니라 기업의 재무·기획에 관한 광범위한 지식체계를 습득할 수 있도록 설계되어 있다. 또한 엄격한 커리큘럼과 단순히 증권·금융전반의 지식을 습득하는 데만 그치지 않고 선진자본시장의 전문지식 및 노하우를 연구하고, 급변하는 선진자본시장의 금융시스템에 대한 실무를 습득하여, 이를 국내자본시장에 보급하는 중요한 역할을 담당하고 있다. 특히 CFA 프로그램에서 요구하는 윤리규정은 대부분 증권·금융관련 전문인으로서 지켜야 할 기본적인 윤리와 규범을 엄격히 따르도록 요구하고 있기 때문에 CFA 자격 소지자는 증권·금융자격 중 전세계에서 가장 광범위하게 활동하며 그만큼의 신뢰성을 보여주고 있다.

1999년 한국증권금융연구소(KOSFI)에서 CFA 교육을 처음 시작할 무렵 국내의 CFA 자격 소지자들은 10여 명에 불과했지만 5년이라는 시간이 흐르면서 약 250여 명의 CFA가 국내에서 활동하게 되었다. 더구나 불과 5년 전만 하더라도 국내에서 700명이 안 되는 수험생이 CFA시험에 응시하였지만 2003년에는 5,000여 명이 넘는 인원이 시험에 지원함으로써 CFA 자격과정에 대한 관심과 열정을 보여주고 있다.

CFA가 국내에서 4~5년 만에 이렇게까지 급속한 성장을 이루리라고는 누구도 생각하지 못한 일이었다. 이제 우리나라에서도 몇 년 안에 CFA에 대한 공급은 수요를 초과할 것이라 생각되며, 미국, 캐나다, 영국, 홍콩, 싱가포르 등의 선진금융시장 같이 증권·금융업계에 진입하기 위한 당연한 관문이 될 것이다.

이 책에서는 CFA에 대한 전반적인 소개를 중심으로 효과적인 시험준비를 위한 여러가지 방안들을 기술하였다. 특히 Level I 을 중심으로 CFA시험을 처음 접하는 수험생의 입장에서 궁금한 사항들을 상세히 답해 놓음으로써 수험준비에 좀더 확실한 도움이 되었으면 하는 것이 필자의 마음이다. 이 책에서도 몇 번이나 반복될 것이지만 CFA시험은 최소 3년이라는 수험준비기간이 필요하다는 것을 기억하고, 효율적인 수험준비를 위한 시간관리의 중요성을 잊지 말아야 할 것이다. 그리고 단기간에 승부를 끝내는 여타 자격증하고 다르다는 것을 반드시 명심하면서, 끈기를 가지고 꾸준히 준비하는 자세로 시험에 임하였으면 하는 바람이다.

마지막으로 이 책이 나오기까지 도움을 주신 많은 분들께 감사의 마음을 전한다. 우선 이 책의 초판을 기획해 주었던 한국생산성본부 정영경 위원, 현서현 위원께 감사드리며, 한국증권금융연구소의 이지혜 대리, 정성균 주임, 김인영 주임에게도 고마움을 표한다. 아울러 합격수기를 통해 도움을 주신 합격생들과 굿인포메이션 정혜옥 대표님과 편집부 직원 여러분께 감사의 마음을 전한다.

2003년 11월
안희태

서문

제5장
CFA시험, 어떻게 준비할 것인가? _ 143

제6장
Level I 과목별 시험준비요령 _ 169

제1장

증권 · 금융분야 최고의 자격증, CFA

1. 왜 CFA가 인기인가

2. 지금 선진금융시장은 CFA의 각축장

3. 금융업계에서 성공하려면 반드시 취득하라!

4. 당신은 왜 CFA가 되었나

‹CFA 1

1　왜 CFA가 인기인가?

우리나라의 CFA 응시자 수가 매해 기하급수적으로 증가하고 있다. 이는 1997년 IMF사태 이후 나타난 두드러진 현상 가운데 하나라고 볼 수 있다.

IMF사태는 금융계 종사자 또는 금융계에 진출하려는 대학생들에게 크게 두 가지 숙제를 던져주었다.

하나는 생존전략의 일환이라고 할 수 있다. IMF사태가 몰고 온 금융계의 감원태풍은 생존을 위해서는 개인들의 경쟁력 강화 밖에는 다른 대안이 없다는 것을 일깨워 주었다. 또 한가지는 IMF의 주요 원인이 글로벌 스탠더드(Global Standard)에 미달하는 금융제도와 관행에서 기인했다는 점이며, 이를 극복하기 위해서는 금융계 종사자들의 자질을 국제적 수준까지 끌어올릴 필요성의 대두였다.

크게 이러한 두 가지 배경에서 많은 금융계 종사자들이 앞다투어 CFA에 도전하게 되었으며, 취업의 문이 좁아진 대학졸업반이나 대학원생들까지 시험에 가세하게 되었다. 결과적으로 우리나라는 최근 몇 년 동안 전세계에서 최고의 응시생 증가율 성장세를 보였으며, 이제는 영어를 공식언어로 사용하지 않는 국가 중에서는 최대의 응시생 수를 자랑하는 CFA강국으로 성장하였다. 한국의 응시생 수는 2001년 3,200여 명에서 2002년에는 5,300여 명, 2003년에는 5,000여 명(12월 Level Ⅰ 시험자 1,900여 명 미포함)에 달하고 있다. 또한 매년 신규 CFA 자격 소지자도 100명 이상씩 배출될 것으로 내다보고 있다.

이제까지는 CFA의 희소가치로 인해 프리미엄을 받는 시대였으나, CFA 수의 증가에 따라 최근 들어서는 CFA 자격이 점차 선택이 아닌 필수가 되어가고 있다. 10여 년 전에 국내증권사들이 국제부 육성을 위해서 미국 MBA를 우대하여 선발한 적이 있는데 당시에 이들은 희소가치로 인해 경력에 상당한 이점이 되었다. 그러나 이제 증권사 국제부에서 일하기 위해 MBA는 기본이 된 지금은 수요대비 공급의 과잉으로 프리미엄은 고사하고 원하는 직장에 취직이라도 할 수 있으면 다행인 시대가 되고 말았다.

CFA 자격도 비슷한 상황에 곧 직면할 가능성이 있다. 따라서 증권 및 투자 관련 분야에 근무하면서 CFA 자격이 없으면 상대적으로 불이익을 받는 시대가 곧 도래할지 모른다. 최근 미국의 투자전문가 집단을 대상으로 무작위로 110명을 선정하여 어떤 자격증이 투자조언(Investment Advice)에 가장 적절한지에 대해서 조사를 한 바 있는데, MBA가 2.9로 측정된 반면 CFA에 대해서는 4.4(최저 1에서 최고 5까지의 잣대로)라는 압도적으로 높은 점수가 나왔다.

2 지금 선진금융시장은 CFA의 각축장

이제 더이상 선택이 아닌 필수가 되어버린 CFA 자격, 미국과 몇몇 국가와 해당 기관들의 실례를 보도록 하자. 미국의 많은 증권, 투자, 투자심사 관련 금융기관에서는 직원들이 CFA 자격을 취득하도록 격려하고 지원을 아끼지 않고 있다.

우리에게 익히 알려진 미국계 대형기관들 중 CFA 자격 소지자를 특히 많이 보유하고 있는 대표적인 기관들 몇몇을 꼽는다면 다음과 같다. 이들 기관은 적게는 100명 이하에서 많게는 수백명(메릴린치는 최다 CFA 자격 소지자 보유기관으로 300명이 넘는 CFA 자격 소지자가 있음)에 이르는 CFA 자격 소지자들을 보유하고 있다.

증권회사인 CSFB, DLJ, Goldman Sacks & Co., Chase JP Morgan, Lehman Brothers, Merrill Lynch, Morgan Stanley, Prudential Securities, Salomon Smith Barney, 투자운용회사인 Fidelity Investments, 신용평가회사인 Moody's Investors Service, Standard & Poor's, 보험회사인 Prudential Insurance, Allstate Insurance Co., 회계경영컨설팅 회사인 Authur Andersen, Ernest & Young, Coopers Lybrand Price Waterhouse, 대형은행인 Citibank, Bank of New York, 미국 최대 공공연기금인 California Public Employees' Retirement System(일명 Calpers) 등 우리에게 알려진 세계적인 금융관련 기관들은 다수의 CFA 자격 소지자들을 보유하고 있다는 공통점이 있다.

어느 분야보다도 빠른 속도로 글로벌화가 이루어지고 있는 금융분야에서 미국 신용평가기관, 대형은행, 투자기관들의 국제금융시장에서의 영향력은 날로 증대되고 있으며 이들 기관의 신용평가와 투자판단에 따라 한 국가의 경제적 운명이 좌지우지되는 것이 오늘날의 현실이다.

이들 기관에서 의사결정을 하는 핵심인물들의 상당수가 CFA 자격 소지자란 점을 고려한다면, 미국의 금융자본 영향하에 있는 우리나라의 금융계 및 관련분야 종사자들은 그들의 상대자(counterpart)로서 최소한 그들이 어떤 틀 안에서 어떤 시각으로 의사결정을 하는가 하는 것을 알아야 할 필요성이 있을 것이다. '지피지기(知彼知己)'가 필요한 것이다.

현재 국내 모 대형신용평가기관(최근에 미국회사로 인수가 결정됨)은 모든 직원들에게 CFA 자격을 취득하도록 정책적으로 지원을 하고 있다고 한다. 최고경영진이 미국 파트너회사와의 업무상 직원들의 수준을 미국의 상대회사와 동등하게 격상시켜야 한다는 필요성을 절감했으며 이의 한 방법으로 CFA Program을 채택한 것으로 풀이된다.

미국의 공신력있는 대형기관에서는 이제 더이상 CFA 자격을 선택으로 생각하는 사람은 없을 정도로 보편화되어 있고 심지어 일부 기관에서는 입사한 후 일정 기간에 CFA 자격을 취득하지 못하면 향후 진로를 스스로 결정하도록 무언의 압력을 가한다고 한다.

또한 최근 들어서는 CFA제도의 일부 또는 전부를 펀드운용을 위한 필수조건으로 간주하는 국가들도 점차 늘고 있다. 우리나라에서도 이미 운용전문인력과정(일명 펀드매니저 시험)에 CFA윤리과정을 정규과목으로 채택하여 시험까지 보고 있다.

이 제도를 가장 적극적으로 채택하고 있는 나라는 영어권인 싱가포르와 영국이다. 싱가포르의 최대 투자기관이며 국영인 GIC(Government of Singapore Investment Corp.)는 펀드매니저가 되기 위해서는 CFA 자격을 취득해야 한다는 것이 공공연한 불문율이라고 한다.

영국은 우리나라의 운용전문인력시험과 유사한 자격시험이 있는데 CFA 자격 소지자에게는 이 시험이 면제가 된다고 한다.

일본에서 가장 국제화가 잘 되었다고 하는 노무라투자자문은 바쁜 업무에도 불구하고 모든 펀드매니저들에게 CFA 자격을 취득하도록 독려하고 있으며 이를 취득하지 못할 경우 상사와 동료들로부터 보이지 않는 압력과 무시를 당한다고 한다.

한편, 1990년대 들어 자본주의 제도를 본격적으로 도입하기 시작한 러시아와 동구권 국가에서는 이 제도가 자본주의 원리를 배우기 위한 하나의 수단으로써 인기를 얻고 있다. 머지않아 중국에도 CFA제도가 선풍적인 인기를 끌면서 CFA 강국으로 떠오를 날을 기대해 보는 것도 결코 무리는 아닐 것이다.

이제 어느 나라 사람과 금융과 투자에 대한 업무를 할 때 세계 공통의 자격증이라 할 수 있는 CFA 자격이 큰 역할을 할 것으로 예상된다. 이러한 현상은 이미 우리와 금융선진국의 업계 전문가들과의 접촉 사례에서도 빈번하게 나타나고 있다.

3 금융업계에서 성공하려면 반드시 취득하라!

지금까지는 범세계적인 금융환경적 측면에서 CFA 자격의 필요성을 논했다면, 이제부터는 개개인의 입장에서 그 필요성을 살펴보도록 하자.

첫째는 금융계 종사자들이 국제적 수준의 전문가가 되기 위한 가장 좋은 투자라는 것이다. CFA Program을 최소 3년 동안 공부하면서 최소한 두 가지를 얻을 수 있을 것이다. 세계의 공통언어인 영어로 준비를 해야 하므로 한국에서 태어나 대학을 졸업한 사람이라면 꿈에도 나타나 괴롭히는 영어망령을 상당부분 극복할 수 있는 좋은 기회라는 것이다. 비록 3년 투자해서 CFA 자격을 취득 못하는 최악의 상황이 발생한다 해도 영어 실력의 향상이라고 하는 노력의 열매는 얻게 된다. 영어를 따로 3년간 꾸준히 공부하라면 지겨워서 못할지 모르나 CFA Program에서 영어는 수단이지 목적이 아니므로 공부를 열심히 하다 보면 부지불식간에 엄청나게 향상된 자신의 영어실력에 스스로 놀랄 것이다.

또한 대학이나 실무에서 배운 경제, 투자, 금융에 대한 지식을 단기간 내에 폭과 깊이를 유지하면서도 체계적으로 축적하도록 해준다. CFA Program에서 배우는 것을 경험을 통해 개인적으로 습득한다면 수십년이 걸릴 수도 있으며 체계성도 크게 떨어질 것이다. 많은 사람들이 3년이란 세월이 너무 길고 아깝지 않느냐는 우려 때문에 선뜻 시작을 못하는데 이는 잘못된 생각일 수 있다. 3년간 CFA Program을 준비하는 것보다 본인에게 더 가치있는 일이 있다면 모르되 현재와 같이 일상적인 직장생활을 한다고 하면 CFA 공부를 안하는 데 따른 기회비용이 더 클 것이다.

둘째는 CFA 자격을 취득하면 직장선택의 폭(Career mobility)이 확대되고 연봉인상의 가능성도 그만큼 높아진다는 점이다. CFA 자격이 고용주 입장에서는 충분조건은 아니나 다른 여러 조건들이 같을 때는 분명히 플러스 요인으로 작용한다.

AIMR 홈페이지에 개설해 놓은 구직구인란(Job Line)의 구인란을 보면 미국의 유수한 많은 금융기관들이 CFA 자격 소지자를 선호한다고 명시하고 있으며, 〈아시안 월스트리트 저널(Asian Wallstreet Journal)〉에 게재되는 금융권 구인광고에서도 CFA를 선호한다는 문구를 심심치 않게 볼 수 있다.

이러한 현상은 국내에서도 점차 확산되고 있는 추세이다. 기존 직원들의 CFA 자격취득을 지원하는 것은 물론 경력사원을 뽑을 때도 자격증 소지자를 우대하고 있으며, CFA 자격 취득 후 자신이 원하는 직종으로 자리를 옮기는 사례도 여럿 있다. 자산운용과 관련이 없는 부서에 있다가 취득 후에 펀드매니저로 이직을 한 경우나, 국내부서에 있다가 국제영업이나 국제금융부서로 옮긴 사례가 있는데, 아마 CFA 자격 취득을 하지 못했다면 기대하기 힘든 사례가 아닌가 생각한다. 특히 펀드매니저나 조사분석가(Research Analyst)가 되고자 하는 사람이나 외국계 증권사나 투신사로 이직을 고려하는 사람이라면 그 가능성을 높일 수 있는 지름길이라고 할 수 있다. CFA 자격 취득 후에 국내증권사 지점에서 근무하다가 외국증권사로 옮긴 사례도 종종 볼 수 있다.

미국에서 조사한 사례에 따르면 직장경력이 비슷한 '비CFA집단' 과 'CFA집단'을 비교한 결과 CFA집단이 약 20% 이상의 연봉을 받고 있다고 한다. 현재 소수이기는 하나 한국에 있는 CFA 자격 소지자들은 평균적으로 높은 연봉을 받고 있는 것으로 추정된다. 그 한 원인은 초창기에 취득한 이들로서 각 회사에서 대표이사나 임원으로 재직하고 있는 사람들이 많이 있으며, 최근 취득자들도 대부분 국내외 증권사의 조사분석가나 펀드매니저가 많기 때문이다.

참고로 우리나라에서 영업하고 있는 외국증권사의 조사분석가들의 연봉은 미국 월스트리트보다 결코 낮지 않다고 한다. 이 또한 희소가치에 상당부분 기인한다고 볼 수 있다. 국제적 수준의 분석 능력과 영어와 한국어를 모두 잘 해야 한다는 기본조건을 갖춘 사람이 많지 않기 때문이다. 국내에는 100만 달러(약 13억 원) 이상의 연봉을 받고 있는 Research Head가 몇 명 있는 것으로 업계에서는 알려져 있다. 현업에 종사하는 이들을 대상으로 "이러한 위치로 올라가기 위한 자격증 중 하나를 선택하라"면 주저없이 CFA가 제일 먼저 선택될 것이다.

셋째는 국제화 시대에 외국의 상대(Counterpart)들과의 경쟁에서 동등한 출발선상에 있기 위함이다. 금융선진국에서 볼 때 우리나라는 IMF의 구제금융을 받은 남미의 후진국들과 유사한 금융 낙후국으로 간주할지 모른다. 따라서 우리가 외국투자가나 기관들과 만날 경우 일단 우리를 한수 아래로 생각하고 무시하려 할지 모른다. 그러나 CFA 타이틀이 박힌 명함을 초면에 그들에게 내밀었을 때 대개 "You are a CFA"라고 상대방의 기본지식과 금융인으로서의 기본 직업윤리의식을 인정하는 발언을 들었다고 국내 CFA 자격 소지자들이 종종 얘기하곤 한다.

게다가 외국 기관의 상대방이 CFA 자격 소지자들이어서 상담
이 쉽게 되었다는 실례도 있다. 국제금융시장에서 외국의 상대방
과 동등한 입장에서 이루어지는 협상과 영업에서 한국인으로서
객관적으로 인정받을 수 있는 방법 중 최선은 CFA 자격이라고
할 수 있다. 이는 국제적 협상에서 쓸데없는 불이익을 방지한다
는 측면과 더불어 자신에게는 자신감을 고취시켜 주는 큰 무기이
다. 모든 일에서 성공의 기초는 자신감이다. 심리학에서 얘기하
는 '나는 할 수 있다'는 자신감(Self-Fulfilling Prophecy)을 제
공해 준다는 점이 가장 큰 무형의 자산일 것이다. 이러한 자신감
과 주변의 인정은 대외적인 접촉시보다는 오히려 현재의 직장 내
에서 더욱 실감날 것이다. CFA 자격을 취득한 후 자신의 실력과
노력을 인정하는 직장내 상사나 동료들의 언사와 눈길은 더욱 자
신감을 갖게 하고, 이는 또한 업무상 또다른 성취를 얻게 하는 연
결고리 역할을 하게 된다.

4 당신은 왜 CFA가 되었나?

다음은 스위스CFA협회 회원이면서 AIMR에서 오랫동안
간부로 활동해온 Mr. Philippe A. Sarasin과 AIMR와의 인터뷰
내용을 정리한 것으로, 왜 CFA를 어떤 계기로 도전하게 되었으며
어떤 도움을 받았는지에 대한 내용을 담고 있다. CFA시험에 도전
하려는 사람들에게 많은 시사점을 던져줄 것이다.

 어떤 계기로 처음 CFA Program에 대해서 알게 되었나?

  1982년 일본에서 근무하고 있을 당시 제약산업을 담당하는 한 CFA 자격 소지자를 만나게 되었다. 그는 CFA 자격 소지자로서 내가 동경에서 만난 여타의 다른 분석가들과 차별화가 되었으며 그 점이 나로 하여금 CFA Program에 대해서 관심을 갖게 한 결정적인 계기가 되었다. 그래서 1984년에 1차 시험, 1985년, 1986년에 연이어 2, 3차 시험을 보았고 1986년에 자격을 취득하게 되었다.

 어떤 동인으로 CFA Program을 시작하게 되었나?

  크게 4가지 동기를 들 수 있다. 첫째는 너무나도 명백한 것으로 기초지식의 습득이었다. 둘째는 법대를 나온 나로서는 학문적인 측면과 업무상 경험을 보완해야겠다는 이유도 강했다. 셋째는 내가 잘 모르는 분야에 대한 자신감을 배양해야겠다는 이유였다. 넷째로는 나의 호기심을 만족시키기 위한 것이었다. 나는 항상 투자와 이와 관련한 사람들의 행동발달적 차원의 일에 관심이 대단히 많았다.

 오늘날 유럽의 CFA 자격에 대한 인식은 1980년대 중반 당시와 비교하여 차이가 많은가?

MR. SARASIN 물론이다. 내가 1984년 당시 시험에 처음 응시할 때 나의 회사에는 CFA 자격 소지자는 고사하고 응시생조차도 없었다. 내가 첫 응시생이었다. 지금 나의 회사(Lombard Odier)에는 100명이 넘는 CFA 자격 소지자와 응시생이 있다. 우리 회사는 지금 업계 전반에서 일어나고 있는 현상의 한 단면을 보여주는 것이다. 유럽에는 CFA Program과 유사한 제도가 있기는 하나 CFA Program이 범세계적인 명성을 갖고 있고 유럽과 전세계적으로 그 성장세를 더해가고 있다.

질문 CFA Program을 고려하는 사람들에게 CFA 자격증을 추구해야 하는 가장 강력한 이유를 든다면 어떤 것이 있나?

MR. SARASIN 여러가지 이유가 있어서 한 가지 이유만 드는 것이 쉽지는 않지만, 가장 중요한 점이라면 CFA Program은 우리가 원하는 만큼 멀리 그리고 높게 성장할 수 있는 기초를 깊이있게 그리고 강력하게 제공한다는 것이다.

질문 CFA 자격 소지자가 되었다는 것이 당신의 직업에 어떤 영향을 주었나?

MR. SARASIN 회사에서 내가 첫 CFA였기에, 사내에서 나에 대한 신뢰가 높아졌다는 사실을 아주 금방 느낄 수 있었다. 이는 사내에서뿐만 아니라 대고객 신뢰도도 제고하는 계기가 되었다. 이러한 것이 계기가 되어 회사에 변화를 가져오는 데 내가 주도적인 역할을 하게 되었다.

질문 CFA시험에 임하는 데 특별한 전략이나 요령 중에서 생각나는 것이 있었다면?

MR. SARASIN 열심히 공부하고 충분한 이해를 위해서 노력하는 것 외에는 답이 없다고 생각한다. 나는 시험을 위한 암기나 잔꾀보다는 충분히 이해하는 것에 역점을 두었다. 따라서 열심히 공부하고 이해를 위해서 노력하는 것 외에는 의미없는 짓이라고 생각한다.

질문 만일 CFA Program을 통해서 배우지 않았다면 어떤 방법으로, 어디서 해당 지식들을 습득했다고 생각하나?

MR. SARASIN 아마 여기저기서 조금씩 습득을 할 수 있었을지 모르나 어떤 곳에서도 모든 것을 한 장소에서 얻지는 못했을 것이다. 점차 국제화되어 가고 있는 요즘 금융시장의 공용어를 이해하는 것은 중요하다고 생각하며, CFA Program은 전문가적인 방법으로 금융시장에 대해서 얘기할 수 있는 공용어를 제공한다고 할 수 있다. CFA Program을 따라서 공부를 하다 보면 어느 순간 자신이 아주 많은 것에 대해서 유식해져 있다는 것을 알게 될 것이다.

미재무분석사 시험 국내응시자 3,000명

미국 변호사 자격과 함께 최고의 자격증으로 꼽히는 미국CFA(국제재무분석사) 시험의 올해 국내 지원자 수가 지난해보다 50% 가량 급증, 처음으로 3,000명을 넘어섰다.

1일 미국 AIMR(투자관리협회)와 증권업계에 따르면 오는 3일 전세계 74개국에서 동시시행될 예정인 CFA시험의 서울지역 응시자는 총 3,157명으로 지난해 2,141명에 비해 47.5%나 급증했다. 이같은 지원자 수는 아시아·태평양지역에서는 홍콩(6,580명), 싱가포르(4,801명)에 이어 3번째로 많은 것이며 일본(1,916명), 대만(1,337명)에 비하면 압도적으로 많은 것이다.

3차에 걸쳐 시행되는 CFA시험은 재무회계와 경제학, 포트폴리오 관리뿐 아니라 최종시험의 경우, 관련 경력과 추천 등을 필요로 하기 때문에 정식자격을 획득하는 데 최소 3년 이상이 걸리는 힘든 시험이다.

CFA 자격은 원칙적으로 미국 전문가집단의 자체 자격제도에 불과하나 월스트리트가 세계 경제를 사실상 지배하면서 세계 주요국가 대부분에서 자격보유자들이 높은 대우를 받고 활동중이다.

미국의 경우 주요 투자은행들은 전문가로 성장하기를 희망하는 임직원들에게 이 자격을 획득하도록 요구하고 있으며 정해진 표준은 없으나 비슷한 조건일 때 비자격자에 비해 CFA들은 평균 20∼30%의 연봉을 추가로 받고 있다.

아시아 · 태평양 지역에서는 현재 홍콩과 싱가포르에 각각 999명과 920명, 일본에 479명이 이 자격을 보유하고 있으며 국내에서는 보험 등 여타 금융분야에도 진출해 있으나 대부분 증권업계를 중심으로 모두 54명의 CFA들이 활동중이다.

현재 국내 증권사들은 CFA자격 보유 애널리스트 등 전문가들에게 연봉산정시 부가요소로 활용하고 있다. 이번 시험에 응시한 모 증권사의 애널리스트는 "매년 5월이 되면 전세계 애널리스트와 전략가 등 수많은 증권가의 엘리트들이 이 시험준비에 몰두하기 때문에 자본시장이 조용해진다는 이야기가 있다"며 "국내 증권사들에서도 점차 CFA응시자들이 늘면서 뒤질 수 없다는 인식이 응시자수 급증에 한몫하고 있다"고 말했다.

매일경제 2001년 6월 1일

미국 CFA시험 시즌…여의도가 들썩

3일로 예정된 미국 공인재무분석사(CFA) 시험 때문에 여의도 증권가가 술렁이고 있다.

CFA는 미국투자경영분석협회가 인증하는 금융 및 투자 전문가 자격시험. 국내에서 CFA 열풍이 불기 시작한 것은 지난해부터다. 1999년 800여 명에 불과하던 서울 지역 응시자가 지난해 2,145명으로 급증했고, 올해에도 3,157명이 응시해 지난해보다 47.2%나 증가했다. 현재 국내에 있는 CFA 숫자가 54명인 것에 비하면 엄청난 붐이 일고 있는 셈. 응시자의 대부분이 증권사 애널리스트나 브로커, 투신사의 펀드매니저들로 대형 증권사의 경우 100여 명의 직원들이 시험을 준비하고 있다.

증권사 직원들이 이처럼 CFA 자격증에 관심을 쏟는 이유는 '내 몸값은 내가 높여야 한다'는 절박함 때문. 미국의 경우 주요 투자은행들은 임직원들에게 이 자격을 획득하도록 요구하고 있으며 CFA들은 비자격자에 비해 평균 20~30%의 연봉을 추가로 받고 있다. 미국 월가가 세계 경제에 미치는 영향이 커지면서 한국에서도 이 자격증 바람이 부는 것.

이 때문에 이번 주초부터 휴가를 내고 시험에 전력투구하는 응시자들도 적지 않다. 한 투신운용사에서는 펀드매니저 7명 중 6명이 시험을 치를 예정이며 이 중 3명이 이번 주에 휴가를 냈다.

이번 시험에 응시한 모 증권사의 한 애널리스트는 "매년 5월이 되면 전 세계의 애널리스트와 전략가 등 수많은 증권가의 엘리트들이 이 시험 준비에 몰두하기 때문에 자본시장이 조용해진다는 이야기가 있다"며 "지난해부터 CFA 열풍이 불면서 이 자격증이 없으면 왠지 '왕따'를 당하는 듯한 분위기가 형성됐다"고 말했다.

동아일보 2001년 6월 1일

몸값 올리는 사람들

1. CFA란 무엇인가

2. 누가 주관하나

3. 국제화시대의 'Passport'

4. 국제금융시장의 고액연봉자, CFA

5. 더이상 멀리있는 꿈의 자격증이 아니다

6. 누가 CFA에 응시하는가

7. AIMR 회원분석

1 CFA란 무엇인가?

CFA(Chartered Financial Analyst)는 세계적으로 최고의 권위와 전통을 자랑하는 투자관리 및 연구협회인 AIMR (Association for Investment Management and Research)에서 주관하는 것으로, 경제, 주식분석, 펀드매니저 등 금융분야의 폭넓은 지식을 평가하는 자격시험의 합격자에게 주어지는 미국 국제재무분석사를 말한다.

CFA시험은 1963년 이후 현재까지 40만 명이 넘는 관련업계 종사자들이 응시하였으며, 2003년 6월 2일 시행된 CFA시험의 응시자 수는 157개국 12만9,108명으로 전세계 270개 시험장에서 동시에 실시되었다. 2003년 현재 약 5만4,940여 명이 넘는 전문가들이 이 자격을 소지하고 있으며 증권·금융, 재무분석 및 투자에 관해 최고의 권위를 가진 자격시험이다.

2 누가 주관하나

현재 CFA시험을 주관하고 있는 AIMR(Association for Investment Management and Research)은 1990년 공인재무분석사협회(ICFA : Institute of Chartered Financial Analyst)와 재무분석연합(Financial Analyst Federation)이 통합하여 설립된 단체로 이후 전세계 CFA 자격시험을 주관하고 있다.

초기의 CFA(Chartered Financial Analyst) 프로그램은 AIMR의 전신인 공인재무분석사협회(Institute of Chartered Financial Analyst)에 의해 1963년 6월 첫 시행되었다. 이 최초의 CFA시험에서 268명의 증권분석가들이 CFA 자격증을 소지하게 되었다. 최초의 CFA자격 소지자들은 이미 투자전문가그룹에서 활동하고 있는 전문가들로, 투자 및 자산운용전문가로서의 능력을 완전한 수준으로 달성하고자 CFA시험을 준비한 것이다.

이러한 CFA시험은 주식, 채권, 부동산, 선물, 옵션 등의 투자와 포트폴리오 관리, 기업 및 산업분석에 관련된 분야에 종사하는 전문가를 양성하는 데 그 목적이 있다.

엄격한 커리큘럼으로 투자전문가들에게 요구되는 실무지식을 충분히 습득하는 데 초점을 맞추고 있으며, 최소 3년이 소요되는 Level Ⅰ, Ⅱ, Ⅲ의 3단계 시험과정은 전문적인 경력발전이라는 명확한 목표를 나타낸다. 이 각각의 단계별 시험준비를 통해 투자분석과 포트폴리오 관리에 전문적 지식과 기술을 추가하고, 투자관련 분야에서 3년간의 실무경력을 요구하는 등의 엄격함은 국제공인자격으로 CFA 자격증이 전세계 증권·금융시장에서 그 권위를 인정받는 핵심 이유이다.

3 국제화시대의 'Passport'

시시각각 변하는 국제금융시장 환경은 엄격한 룰과 정확한 판단하에 고객 및 기업의 자산에 대한 효과적인 운영을 위해 전문적인 분석능력과 자산운용능력을 요구하고 있다. CFA 자격시험 프로그램에서는 이러한 자산운용능력을 위해 각 커리큘럼을 단계별로 요구하고 있다.

1단계인 Level I 에서는 Asset Valuation을 위한 기본적인 지식을 쌓게 하며, 2단계인 Level II 에서는 실제적인 자산의 가치평가에 대한 실무와 사례 중심으로 커리큘럼이 구성되어 있다. 그리고 최종적으로 Level III 에서는 자산에 대한 포트폴리오를 배분하는 자산운용전문가의 능력과 애널리스트적인 입장에서 자산배분 문제에 대한 종합적인 안목과 실무 지식을 겸비하도록 구성되어 증권·금융관련 전문가로 성장하기 위한 체계적인 프로그램을 갖추고 있다.

더구나 CFA 자격 소지자에게 요구되는 엄격한 윤리규정은 실력과 윤리적인 면까지 갖춘 국제적인 전문가로서의 자질을 요구하고 있기 때문에, CFA 자격에 대해 금융강국 선진국에서 그만큼 선호하게 되며 국제 금융시장에서도 그 위상이 높다.

따라서 CFA는 자산에 대한 가치분석·평가·배분에 대한 지식을 요하며, 세계 어디에서나 커리큘럼이 동일하게 통용되는 자격증이기 때문에 전세계 금융시장에서 국경을 넘나들며 활동할 수 있는 'passport' 의 역할을 하고 있다. 국경을 초월하여 직업을 택하고 싶은 사람들에게는 반드시 유용한 자격증이 될 것이다.

4 국제금융시장의 고액연봉자, CFA

2001년 1분기 현재 미국, 홍콩, 싱가포르, 영국, 캐나다 등에서 활동하고 있는 CFO, 포트폴리오 매니저, 애널리스트 등의 직업을 가진 4만1,322명의 CFA 가운데 약 24%인 1만여 명에 대한 AIMR 조사에 의하면 2001년 CFA 자격 소지자의 평균연봉은 기본급, 성과급, 비금전적 보상 등을 합하여 평균 17만8,000달러(약 2억3,000만원)인 것으로 나타났다.

AIMR에서 발표한 조사결과는 CFA의 평균임금이 여타 직업보

CFA 자격증소지자 평균연봉

	평균	캐나다	홍콩	싱가포르	영국	미국
2001 Median Salary	$105,000	$65,000	$97,000	$70,000	$112,000	$115,000
2001 Median Bonus	$50,000	$30,000	$30,000	$22,000	$70,000	$50,000
2001 Median Non-Cash Compensation	$10,000	$2,000	$10,000	$7,000	$20,000	$10,000
Median Total Compensation	$178,000	$108,000	$136,000	$112,000	$200,000	$190,000
상위 10%	$610,000	$380,000	$511,500	$419,000	$710,000	$650,000

다 높은 임금을 받는다는 사실을 나타낸 것이다. 이러한 고액연봉에도 남녀간에 임금차이가 있는데, 응답자 중 17%를 차지하는 여성 CFA는 남성보다 평균 16% 정도 임금이 적은 것으로 조사되었다. 이런 요인은 고임금을 받는 CEO나 CIO가 대부분 남성들이기 때문으로 분석된다.

10년 경력 이상인 전문가의 경우, 2001년 평균임금은 약 23만 6,000달러로 기본급 13만5,000달러에 7만 달러의 보너스와, 스톡옵션 같은 비금전적 형태의 임금을 받는 것으로 알려졌다.

결론적으로 보면 대부분의 나라에서 CFA는 고임금을 받고 있으며 대기업에서 10년 이상 실무경력을 가진 사람보다 임금이 높다. 이것은 CFA 자격증을 취득한 사람들이 임금에 있어 프리미엄을 받고 있다는 사실을 나타내고 있다.

CFA 자격증소지자(10년 경력) 평균연봉

	평균	캐나다	홍콩	싱가포르	영국	미국
2001 Median Salary	$135,000	$87,000	$166,000	$144,500	$150,000	$140,000
2001 Median Bonus	$70,000	$50,000	$85,000	$75,000	$90,000	$75,000
2001 Median Non-Cash Compensation	$20,000	$7,000	$45,000	$30,000	$40,000	$20,000
Median Total Compensation	$236,000	$153,000	$240,000	$295,000	$257,000	$245,000
상위 10%	$880,000	$675,000	$675,000	$720,000	$1,100,000	$800,000

이러한 통계치가 비단 우리나라 기준이 아닌 미국, 영국, 홍콩, 싱가포르 등 선진 금융시장에서의 조사결과라 해도 국내 CFA 자격증 소지자들도 국내 자격소지자의 희소성과 전문가들의 부족으로 인해 이들 선진 자본시장에서 근무하고 있는 전문가들 못지않게 많은 연봉을 받고 있는 것은 자명한 일이다.

5 더이상 멀리있는 꿈의 자격증이 아니다

2003년 8월 중순 CFA시험 국내 응시자에 대한 합격자 수가 발표되었다. Level Ⅲ을 통과한 국내 응시자는 129명으로 발표되었다. 불과 4년 전인 1999년까지만 하더라도 국내의 CFA Chater 소지자들은 10여 명에 불과했다. 4년 전만 하더라도 국내의 CFA Chater 소지자들은 CFA 자격증을 소유했다는 가치성과 희소성으로 인해 업계에서 충분한 경쟁력을 가지고 있었다. 그러나 2003년말 현재 국내 CFA Chater 소지자는 300여 명으로 증가하였고 앞으로 그 증가추세는 더욱 높아질 것으로 보인다. 때문에 이제 우리나라에서도 미국, 캐나다, 영국, 홍콩, 싱가포르 등의 선진 금융시장처럼 CFA 자격증을 소지하지 않은 증권·금융

2003년 각 Level별 합격자 수(국내)

	Level Ⅰ	Level Ⅱ	Level Ⅲ	합계
합격자 수	519명	345명	129명	993명

업계 종사자들은 오히려 업계에서 살아남기 힘들 날이 가까워지고 있다.

2003년 Level Ⅱ에 345명이 합격하였고, Level Ⅲ에 통과하지 못한 인원까지 고려하면 2004년 Level Ⅲ에는 400명이 넘는 인원이 응시할 것이다. 1963년 이후 Level Ⅲ의 매년 평균 합격률이 60% 이상이었다는 통계를 고려한다면 우리나라에서 매년 100~200명 정도의 CFA Chater 소지자들이 배출된다고 볼 수 있다. CFA 자격증은 이제 더이상 희소성 높은 자격증이 아니라 금융계 엘리트들의 필수적인 자격증으로 인식되고 있다.

6 누가 CFA에 응시하는가?

(1) 업무별 분포

CFA시험 응시자의 업무분포를 살펴보면 주식 및 채권분야 등의 애널리스트가 36%로 가장 많은 비중을 차지하고 있고, 다음으로 회계사와 세일즈 및 마케팅매니저가 각각 21%, 금융기관이나 기업체의 위탁자산에 대한 자금운용을 담당하는 포트폴리오 매니저와 주식 및 채권 브로커가 각각 7%, 투자금융회사와 기업체의 재무관리자 및 투자상담업무 종사자가 13%를 차지하고 있다. 즉, 응시자의 64%가 현재 증권·금융계통과 기업체 재무관리자 및 투자상담업무에 종사하고 있음을 알 수 있다.

(2) 산업별 분류

CFA시험 응시자의 산업별 분포를 살펴보면 응시자 중 가장 많

CFA 2004년 6월 시험응시자 업무별 통계

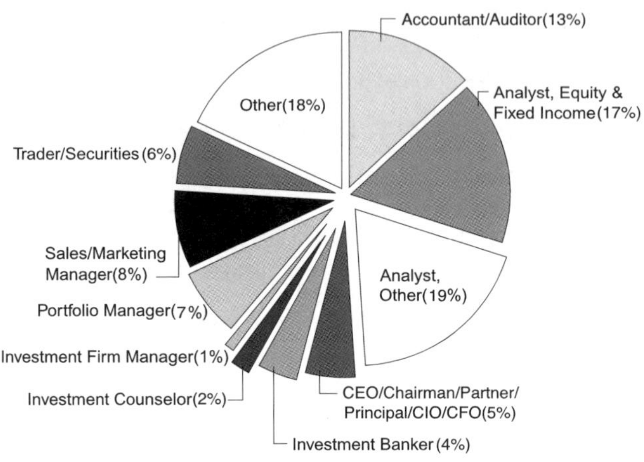

직업구분	비율
Accountant/Auditor	13%
Analyst, Equity & Fixed Income	17%
Analyst, Other	19%
CEO/Chairman/Partner/Principal/CIO/CFO	5%
Investment Banker	4%
Investment Counselor	2%
Investment Firm Manager	1%
Portfolio Manager	7%
Sales/Marketing Manager	8%
Trader/Securities	6%
Other	18%

자료출처 : AIMR 2003년 10월

CFA 2004년 6월 시험응시자 산업별 통계

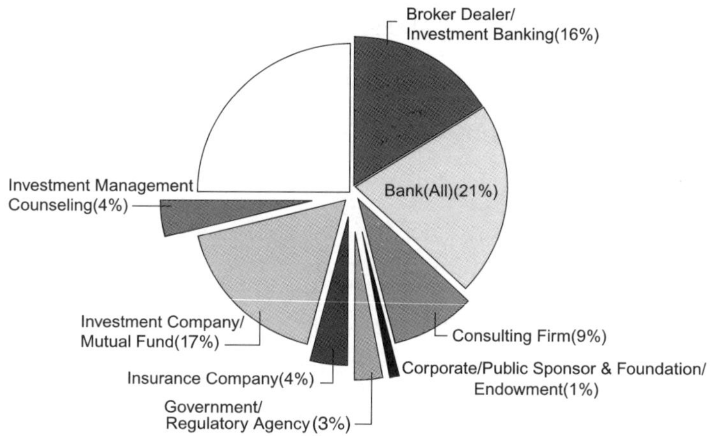

업종 및 산업분류	비율
Broker Dealer/Investment Banking	16%
Bank(All)	21%
Consulting Firm	9%
Corporate/Public Sponsor & Foundation/Endowment	1%
Government/Regulatory Agency	3%
Insurance Company	4%
Investment Company/Mutual Fund	17%
Investment Management Counseling	4%
Other	25%

자료출처 : AIMR 2003년 10월

은 비중을 차지하는 직업분야는 은행 등 금융기관으로 21%를 차지하고 있다. 그 외에는 투자회사와 투자은행의 브로커가 각각 16%를 차지하고 있어 응시자의 대부분이 금융관련업 종사자임을 알 수 있다. 그 외에는 컨설팅회사가 9%, 보험회사 및 투자관련 컨설팅회사가 각각 4%를 차지하고 있다.

(3) 연령별 분포

CFA시험에 응시하는 연령층은 20대 중반부터 30대 중반까지가 대부분을 차지한다. 이같은 현상은 국내의 여러 자격증과는 달리 CFA가 현업에 종사하는 실무자들이 절실히 필요로 하는 자격증이기 때문이다. 2004년 CFA시험 응시자 중 가장 많은 비중을 차지한 연령층은 26~30세로 40%를 차지하였으며, 31~35세

CFA 2004년 6월 시험응시자 연령별 통계

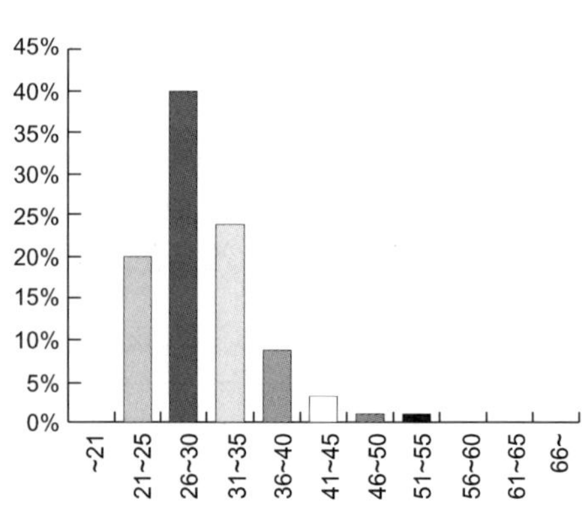

연령	비율
~21세	0%
21~25세	20%
26~30세	40%
31~35세	24%
36~40세	9%
41~45세	3%
46~50세	1%
51~55세	1%
56~60세	0%
61~65세	0%
66세~	0%
총계	98%

는 24%, 21~25세는 20%, 36~40세가 9%를 차지하고 있다.

(4) 학위별 분포
CFA시험 응시자의 대부분은 대졸 이상의 학위를 가졌다. 절대
다수인 62%가 학사학위를 가졌다. 이와 같이 학사학위 이상의
고학력자가 대부분인 이유는 CFA시험 응시자격이 '4년제 대학
이상의 학력을 가진 자'로 규정되어 있기 때문이다.

CFA 2004년 6월 시험응시자 학위별 통계

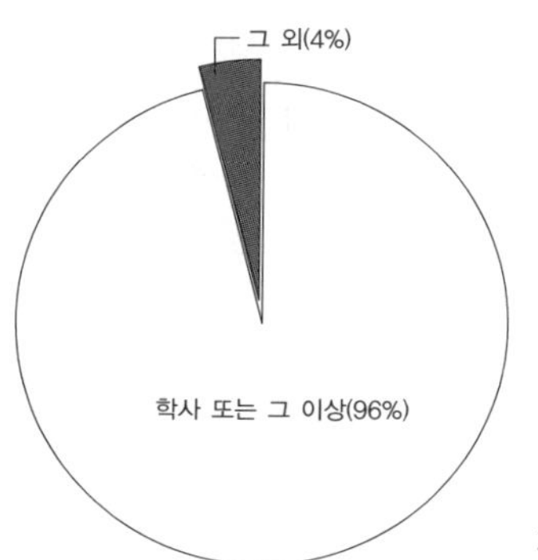

학위구분	비율
학사 또는 그 이상	96%
*그 외	4%
총계	100%

*그 외: 대학및 직장경력을 합한 연수가 적어
도 4년 이상이거나 직장경력만 4년 이상이
되는 경우

자료출처 : AIMR 2003년 10월

(5) 지역별 분포
2004년 응시자 중 47%가 미국과 캐나다 응시생인데, 이것은
증권·금융의 선진국인 미국에서 CFA시험이 시작되었으며 여전
히 미국과 캐나다를 중심으로 국제금융시장이 움직이기 때문인

것으로 풀이된다.

　홍콩, 싱가포르, 한국, 일본, 중국 등 아시아는 31%로 두 번째로 응시자가 많은 지역이다. 다음으로는 유럽이 15%, 오세아니아 대륙이 2%, 아프리카가 2%를 각각 차지하고 있다.

CFA 2004년 6월 시험응시자 지역별 통계

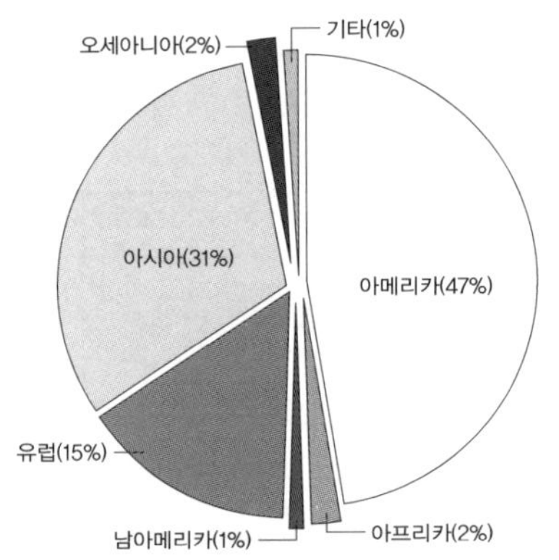

지역	비율
아메리카	47%
아프리카	2%
남아메리카	1%
유럽	15%
아시아	31%
오세아니아	2%
기타	1%
총계	99%

자료출처 : AIMR 2003년 10월

7 AIMR 회원분석

　AIMR의 회원은 전세계 100여 개국에 걸쳐 68,378명이 가입되어 있다. 전체 회원 중 CFA 자격증 소지자가 82%이고 Level II까지 합격한 회원들이 약 20%를 차지하고 있다. 대다수

회원들이 CFA 자격증 소지자인 셈이다.

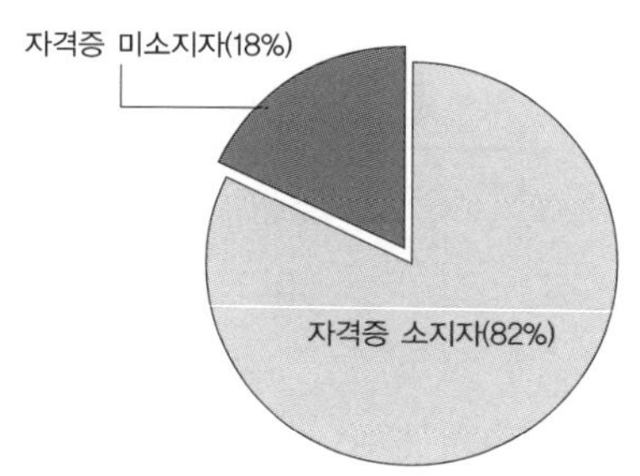

CFA 자격소유 여부

구분	비율
자격증 소지자	82%
자격증 미소지자	18%
총계	100%

자료출처 : AIMR 2003년 10월

AIMR 회원 대부분은 대졸 이상의 학위를 가지고 있다. 학사학위 이상의 소지자가 93%로 전체 회원의 대부분을 차지하고 있다.

이와 같이 학사학위 이상이 대부분인 이유는 앞서 CFA시험의 응시자격에서 언급한 것처럼 '4년제 대학 이상의 학력을 가진 자'로 규정되어 있기 때문이다.

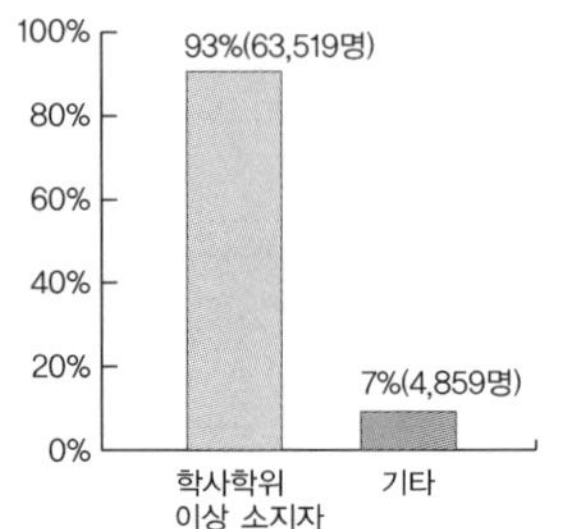

회원의 학력현황

구분	비율	회원수
학사학위 이상 소지자	93%	63,519명
기타	7%	4,859명
총계	100%	68,378명

자료출처 : AIMR 2003년 10월

AIMR 회원들의 76%가 미국 및 캐나다에 집중되어 있다. 이는 CFA 응시자 대부분이 이곳에 있기 때문으로 해석된다. 아시아 지역이 유럽과 비슷한 비율을 보이는 이유는 홍콩, 싱가포르를

회원의 지역별 현황

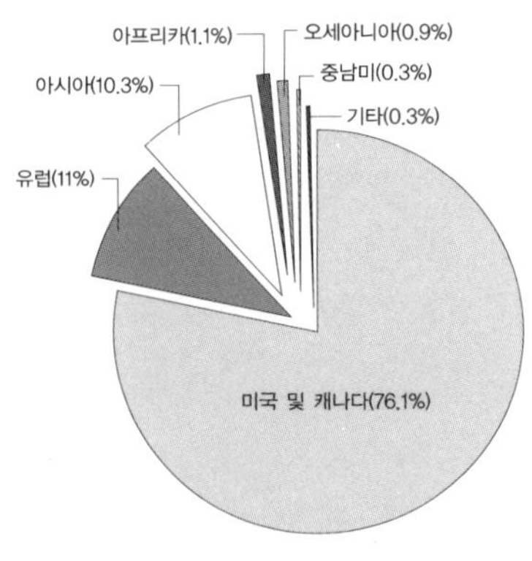

지역	비율	회원수
미국 및 캐나다	76.1%	52,058명
유럽	11%	7,492명
아시아	10.3%	7,009명
아프리카	1.1%	748명
오세아니아	0.9%	613명
중남미	0.3%	254명
기타	0.3%	204명
총계	100%	68,378명

자료출처 : AIMR 2003년 10월

중심으로 형성된 아시아 금융시장이 일본, 한국, 중국으로 확대되고 있음을 보여주고 있다고 할 수 있다.

회원의 연령현황

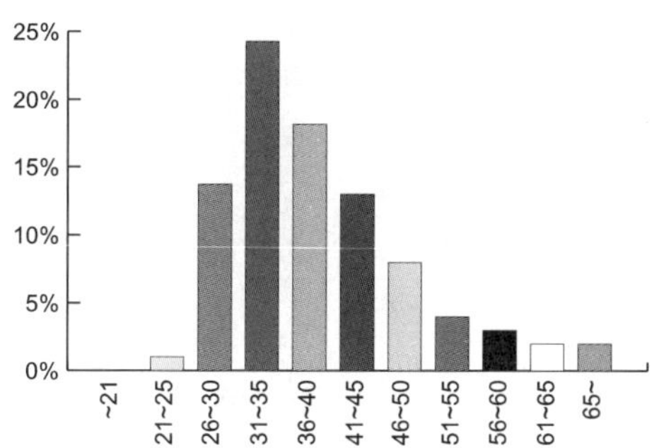

구분	비율
~20세	0%
21~25세	1%
26~30세	14%
31~35세	24%
36~40세	18%
41~45세	13%
46~50세	7%
51~55세	4%
56~60세	3%
61~65세	2%
66세~	2%
총계	88%

　　AIMR 회원들의 연령층은 20대 중반부터 40대 중반까지가 대부분을 차지한다. 특히 30~40대가 주류를 이루는데, 이것은 CFA자격 소지자 대부분이 증권·금융계통의 실무자나 관리자로 CFA 자격증이 현업 실무자에게 꼭 필요한 자격임을 다시 한번 확인시켜 준다고 할 수 있다.

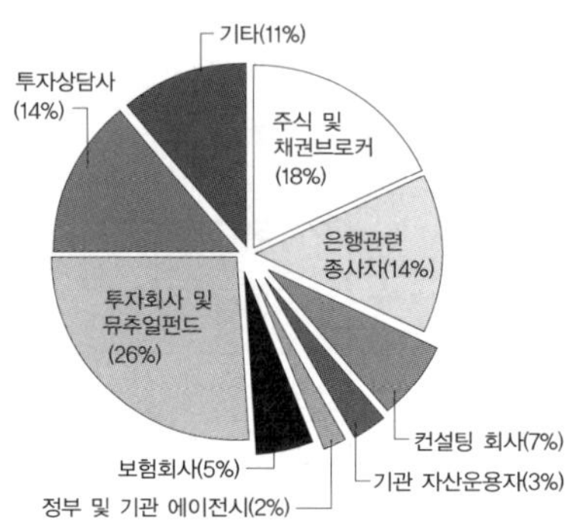

구 분	비율
주식 및 채권브로커	18%
은행관련 종사자	14%
컨설팅 회사	7%
기관 자산운용자	3%
정부 및 기관 에이전시	2%
보험회사	5%
투자회사 및 뮤추얼펀드	26%
투자상담사	14%
기타	11%
총계	100%

AIMR 회원들의 직업 중 가장 많은 비중을 차지하는 분야는 투자회사 및 뮤추얼펀드 관련 종사자이며, 그 다음으로 주식 및 채권브로커, 투자관리업무 종사자, 은행관련업무 종사자로 대부분 증권관련 계통과 재무관리자 및 투자상담업무 종사자가 차지하고 있다. 이는 앞에서 언급된 CFA 응시자 비율과 연관되어 있기 때문이다.

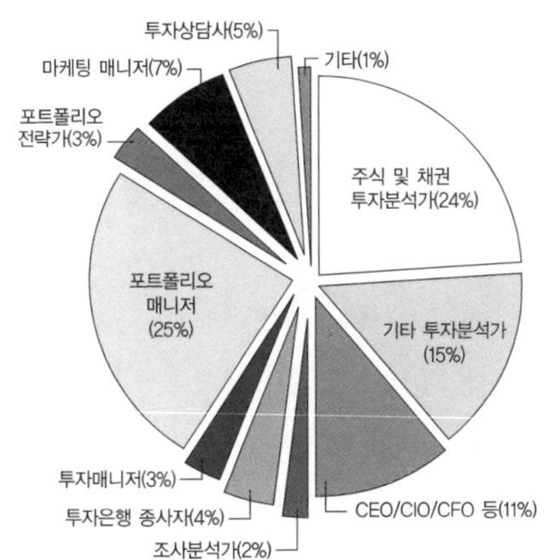

회원의 업무현황

구 분	비율
주식 및 채권 투자분석가	24%
기타 투자분석가	15%
CEO/CIO/CFO 등	11%
조사분석가	2%
투자은행 종사자	4%
투자매니저	3%
포트폴리오 매니저	25%
포트폴리오 전략가	3%
마케팅 매니저	7%
투자상담사	5%
기타	1%
총계	100%

　AIMR 회원들의 업무는 금융관련업무 전반에 있다고 해도 과언이 아니다. 가장 많이 차지하고 있는 업무는 포트폴리오 매니저, 주식 및 채권 투자분석가이지만 마케팅 매니저, 투자상담사, CEO/CIO/CFO 등 금융 및 재무관련 전반에 분포하고 있다.

[인터뷰] 토마스 바우만 투자관리연구협회장

고도의 금융전문지식은 물론 윤리성까지 갖추고 있는 공인재무 분석사(CFA: Chartered Financial Analyst) 수요가 전세계적으로 늘어나고 있습니다. 한국 내에서도 CFA 자격증 소지자에 대한 수요가 한층 더 커질 것으로 생각합니다."

올해 CFA시험에 통과한 132명 중 국내 응시자 65명에게 CFA 자격증을 수여하기 위해 최근 방한한 CFA협회격인 AIMR(투자관리연구협회) 토마스 바우만 협회장은 "전세계적으로 CFA 자격증을 취득하려는 분위기가 확산되고 있다"고 밝혔다.

이처럼 CFA에 대한 관심이 커지고 있는 배경과 관련 바우만 협회장은 "지난 1997년 아시아 외환위기 이후 전문적인 금융지식은 물론 윤리의식을 갖춘 CFA 자격증 소지자에 대한 금융기관들의 수요가 커지고 있기 때문"이라고 분석했다.

3년간 1·2·3차 시험에 공통적으로 윤리학 과목이 들어갈 만큼 윤리의식을 강조하는 시험방식 때문에 금융기관은 물론 고객들까지 CFA 자격증 소지자를 크게 신뢰하고 있다는 진단이다.

또 MBA가 일반적인 주제만을 섭렵하고 AICPA는 회계학에만 집중하는 반면 CFA의 경우 경제학, 통계학은 물론 재무제표분석, 주식분석·평가, 포트폴리오 관리 등 전문적인 투자전문가로서 갖춰야 할 과목을 체계적으로 학습함에 따라 실무능력이 뛰어나다는 장점이 있다고 바우만 협회장은 강조했다.

CFA 소지자에 대한 수요가 급증하면서 한국에서도 CFA 지원자가 해마다 늘고 있다. 한국의 경우 올들어 총 3,400명이 CFA시험에 응시했고, 응시생 숫자가 매년 폭발적으로 늘어나고 있어 조만간 싱가포르 응시자(올해 4,801명) 수를 넘어설 것으로 바우만 협회장은 전망했다. 바우만 협회장은 "최근들어 CFA 응시생의 숫자가 급증하고 있어 1년에 한 차례로 제한된 시험을 일단 1차 시험의 경우 1년에 두 번 치르는 방법을 검토중이고 나머지 2, 3차 시험도 응시생의 추이를 봐서 신축적으로 운영할 것"이라고 밝혔다.

매일경제 2001년 11월 19일

증권사 CFA 취득 지원강화

최근 금융시장 개방화로 국제기준에 맞는 자산관리의 필요성이 증대되면서 미국의 CFA(국제재무분석사) 자격증 취득에 대한 증권사들의 지원이 강화되고 있다. 이에 따라 자격증 취득을 준비하는 지원자가 점차 늘고 있다.

CFA시험은 미국투자관리연구협회(AMIR)가 주관하는 시험으로 재무관리·증권금융 분야에서 최고의 국제자격증으로 인정받기 때문에 각 증권사는 합격자가 배출될 때마다 이를 회사 이미지와 결부, 열띤 홍보 경쟁을 펼쳐왔다.

최근 이런 업계 분위기에 편승, 삼성증권은 기존에 응시료를 지원해주는 수준에서 CFA 자격취득 지원을 10월부터 확대 실시하기로 했다. 1년에 한번 모두 3차까지 치러지는 CFA시험에서 1단계의 경우 시험 전에 사이버교육과정 수료시 교육비를 전액 지원함은 물론 승격시 가점을 부여해 시험에 합격했을 경우에는 응시료와 등록비 전액을 지원하기로 했다. 2단계와 3단계 합격자에 대해 응시료 전액지원과 함께 교육비를 별도로 지급해 승격시 가점을 부여함으로써 직원들에게 자격증 취득의 동기를 부여할 계획이다.

삼성증권 인사팀 김경애 과장은 "작년에는 개인별로 응시가 이뤄져 정확한 인원이 파악되지 않지만, 올해의 경우 2단계와 3단계에 각각 19명과 3명이 시험을 준비하고 있다"며 "1단계 응시를 희망하는 인원 200명이 접수를 했고, 지원자가 더욱 늘어날 것으로 예상된다"고 말했다.

지난 1997년 증권업계 최초로 CFA시험 응시자에 대해 지원을 시작했던 대우증권은 입사 2년이 지난 직원 중 1·2종 FP(금융자산관리사) 취득자를 지원대상으로 국한하고 있다. 각 단계별 교육비를 1회 지원하고, 단계별로 2년 이내 자격을 취득하지 못할 경우 교육비 50%를 반납해야 한다.

대우증권 커뮤니케이션부 김태창 대리는 "현재 자격증 보유자는 4명이지만, 매년 25명 가량 됐던 응시자가 올해는 56명으로 크게 늘었다"고 말했다.

응시 전 교육비와 응시료를 50% 지원해 주고 합격하면 나머지 50%를 추가로 지원해 주고 있는 굿모닝증권은 지원을 시작한 1999년에는 2명, 2000년에는 9명, 올해는 10명에 대해 경비를 지원하고 있다.

증권업계 관계자는 "점차 전문인력을 요구하고 있는 금융기관이 늘고 있고 회사 차원에서 이에 대한 지원을 강화하고 있기 때문에 CFA 취득열기가 점차 높아질 것"이라고 말했다.

머니투데이 2001년 10월 11일

〈몸값 올리기〉 10계명

① 모범생보다는 프로페셔널이 되라.

착한 군인보다는 총 잘 쏘는 군인이 전시에 대우 받는다.

② 업무가 끝났으면 새 업무를 찾아라.

주식투자 등 과외활동은 업무시간에 하지 말라.

③ 무조건 영어를 시작하라.

30대 중반에 영어로 발표를 할 수 있는 사람과 그렇지 못한 사람의 연봉차는 1,000만원 가까이 될 것이다.

④ 합리적인 사고(思考)를 하라.

'하늘색은 빨간색!' 하는 선배의 말씀을 무조건 따르는 불사파(不思派) 후배는 이제 필요없다.

⑤ 회의시간에 발표할 수 있는 기회를 절대 양보하지 말라.

지식을 남에게 보여라.

⑥ 문제가 생기면 원인을 따지지 말고 해결책을 찾는 데만 주력하라.

⑦ 여성에게 인기있는 사람이 돼라.
여직원은 회사 내의 가장 정확한 정보원이며 신랄한 재판관이다.

⑧ 스카우트되기를 기다리지 말고 내 전문분야를 필요로 하는 보다 좋
은 조건의 회사를 스스로 찾아 나서라.

⑨ 학연, 지연 등 연줄의 집착에서 벗어나라.
고과를 떠나 무조건 끌어주고 당겨주는 선배는 더이상 없다.

⑩ 함부로 사표를 쓰지 말라.
연수나 유학을 위해 잠시 쉬고 나서 감각을 회복하기란 좀처럼 쉽지
않다. 일하며 공부하라.

동아일보 1998년 12월 28일

CFA는 어떤 곳에서 활동하는가?

1. CFA 활동영역

2. 펀드매니저

3. 애널리스트

4. M&A전문가 등을 포함하는 투자은행전문가

5. 벤처캐피탈리스트

6. 일반기업의 재무관리자(CFO)

7. 학계, 연구기관과 금융당국 종사자들

1 CFA 활동영역

전세계에서 활동하고 있는 CFA는 약 5만4,940명 정도이다. 우리나라에는 2001년 12월까지 약 120여 명이 활동하고 있었으나, 2003년 6월 시험에서 Level Ⅲ에 129명이 합격하고 이 중 실무경력요건을 충족한 100여 명이 CFA Charter를 받아, 2003년 10월 현재 300여 명의 CFA가 활동하고 있다.

CFA의 활동영역을 크게 구분한다면 증권·금융기관에서 활동하는 주식 및 채권분야 애널리스트, 펀드매니저, 벤처캐피탈리스트, 외환딜러, 브로커(주식, 선물, 옵션) 등과 같은 증권·금융전문가의 영역과 일반기업체의 신규사업에 대한 경제성 평가 및 재무·기획 관리 전문가 등으로 나눌 수 있다.

이를 다시 하는 일에 따른 직능별로 구분해 본다면, 펀드매니저와 조사분석가(Research Analyst)가 가장 일반적인 직종이라고 볼 수 있으며, 이들은 투신운용사, 투자자문사, 증권사, 각종 연기금, 증권사, 은행에서 근무하고 있다. 또한 증권사의 브로커(주식, 선물, 옵션)와 M&A 등을 수행하는 투자은행전문가

(Investment Banker)들도 큰 비중을 차지하고 있다. 이 외에도 기업과 금융기관, 심지어 국가의 신용을 평가하는 세계적 평가기관에서 Credit Analyst로도 상당수 활약하고 있다. 또한 일반기업의 재경부서에서 투자평가와 재무관리 직종에 종사하는 이들도 심심찮게 볼 수 있다. 학계, 세계은행 등 국제금융기관, 금융감독기관 등에서 근무하는 이들도 있다. 이는 CFA Program이 갖는 폭과 깊이가 그만큼 넓고 깊기 때문일 것이다.

따라서 증권·금융분야 종사자는 물론 대학(원)생, 증권·금융계통으로 취업 또는 전직을 원할 경우 CFA시험에 도전하는 것이 여러가지 면에서 상당히 유리하다. CFA의 대부분의 활동영역이 애널리스트, 펀드매니저, 벤처캐피탈리스트, 외환딜러, 브로커(주식, 선물, 옵션), 또는 기업재무관리전문가 등이므로 이러한 직업을 갖고 일하기를 원하는 사람들은 미래의 꿈을 위해서라도 한발 먼저 준비하는 것이 좋다. 또한 동종업계에서 본인의 실력을 한 단계 Level-UP 시키기 원하는 사람들도 증권·금융부문 최고의 자격증인 CFA 자격증을 보유한다는 것은 여러모로 유익할 것이다. 국제금융시장의 개방에 대비해 개인적인 자질향상뿐만 아니라 대부분의 시험과목들이 실무와 관련되어 있기 때문에 전문성을 높이는 데 최고다.

2 펀드매니저

– Fund Manager(영어로는 Portfolio Manager 또는 Investment Manager라고도 함)

　펀드매니저란 투신사에서 뮤추얼펀드(Mutual Fund)나 투신상품을 운영하거나, 증권사에서 자기자본금을 갖고서 상품운용(Proprietary Trading)을 하거나, 은행과 보험사에서 자기자본이나 고객의 신탁자산의 수익을 내기 위해 운영하는 직종을 말한다. 이들은 주식, 채권, 벤처캐피탈, 부동산, 파생상품 등 모든 투자가능한 자산에 주어진 운용원칙에 따라서 최대 수익을 내기 위해 노력한다.

　몇 년 전 영국 베어링은행이 젊은 펀드매니저인 닉 리슨의 무리한 선물거래로 13억 달러의 손실을 내면서 파산했던 적이 있다. 펀드매너저의 자산운용능력에 따라 고객의 자금뿐만 아니라 회사 전체의 이익에도 막대한 영향을 준다. 그렇기 때문에 펀드매니저는 환율, 유가 등의 경제 내외적 변수를 읽는 탁월한 분석력과 미래시장의 흐름을 파악하는 예측력을 가져야 한다. 또한 변동성이 큰 주식시장에서 매순간마다 발빠른 투자전략과 전술을 가지면서 투자배분상의 손실을 최소화할 수 있는 냉정한 리스크 관리도 해야 한다.

　펀드매니저와 비슷한 업무영역을 지니면서 국내에서는 다소 생소한 업무영역인 '포트폴리오 매니저'는 고객의 자산에 대해 고객에게 투자성향이나 자산규모 및 상황에 따른 합리적인 상품을 구성해 주는 역할을 한다. 국내 증권 · 금융기관의 상품은 기존 상품 중에서 고객이 하나를 선택하는 데 반해, 미국 등 선진금융시스템 속에서 움직이는 금융상품은 고객의 요구와 고객의 투자성향에 따라 포트폴리오를 구성하면서 상품에 대해 상담을 한다. 그리고 이러한 포트폴리오가 어떻게 운영될 것인지는 고객과 포트폴리오 매니저가 상의하여 금융자산에 대한 투자원칙을 세우고 그 원칙에 합당한 투자만을 행하게 된다.

3년간 CFA Program의 핵심은 어떻게 하면 고객을 위한 가장 이상적인 포트폴리오를 구성하고 목표수익률을 달성하여 고객의 투자목적에 부합하느냐에 있다. 따라서, 3차 시험의 가장 큰 비중도 주어진 제약조건 하에서 가장 적합한 포트폴리오를 구성하는 데 있다.

또한 CFA Program은 펀드매니저가 갖추어야 할 덕목 중 첫번째로 높은 윤리성을 꼽고 있다. 여기서 요구하는 윤리성은 단순히 도덕군자가 되라는 식이 아니라 전문성을 갖춘 윤리의식을 강조하고 있다. 즉, 고객의 자산을 관리해야 하는 펀드매니저는 일반사람의 지식과 경험을 능가하는 전문지식으로 무장하고 있어야 하며, 그렇지 못할 경우에는 전문성 부족 자체가 비윤리적이라는 것이다. 따라서 CFA 자격 소지자는 항상 전문성을 갈고 닦아야 한다.

펀드매니저도 그 전문분야에 따라 주식만 전문으로 하는 펀드매니저가 있는가 하면, 채권전문 펀드매니저, 파생상품전문 펀드매니저, 인덱스전문 펀드매니저 등 다양하게 구분해 볼 수 있다. 국내의 CFA 자격 소지자들을 보면 투신사, 증권사, 투자자문사, 보험사에서 경영진, 투자최고책임자(Chief Investment Officer),

펀드매니저 등으로 다수가 활약하고 있다. 우리나라의 첫 CFA이면서 현재는 Merrill Lynch의 Research Head인 이원기 상무(한국 CFA협회 회장, 전 Regent Asset Management의 대표이사), 중견 투자자문사인 한가람투자자문사의 대표이사인 박경민 사장과 Hana Allianz투신운용의 CIO(Chief Investment Officer)를 하고 있는 이원일 상무도 우리나라의 선구자적인 CFA 자격 소지자들이다.

3 애널리스트

– Research Analyst: 조사분석가

주식분석가(Security Analyst), 산업분석가, 기업분석가라고도 하는데 이들을 모두 통칭하여 조사분석가 또는 분석가라고 한다. 좀더 그 의미를 확대하여 펀드매니저도 기관에 따라서는 애널리스트(Analyst)라고 부르는 경우도 있다. 때로는 경제전문가(Economist)도 큰 범주에서 애널리스트라 할 수 있다.

이들이 하는 일은 분석의 대상이 되는 산업이나 기업의 향후 전망을 예측하는 데 그 초점이 맞추어져 있다. 조사부서는 증권업계의 생산공장이라고 칭할 수 있을 것이다. 무형의 서비스를 제공하는 증권업계에서 가장 큰 생산품은 분석가들이 생산해 내는 정보이다. 그들이 생산해 내는 정보는 증권시장을 효율적인 시장(Efficient Market)에 접근시키는 역할을 한다. 이들의 역할이 없다면 증권시장의 대중화와 합리적인 투자관행은 기대하기 힘들 것이다.

월스트리트(Wall Street)에서 가장 영향력있는 집단을 꼽으라
하면 이견없이 산업별 최고의 분석가를 들 것이다. 흔히들 대형
기관투자가의 펀드매니저가 아니겠는가 생각할 수 있으나, 수많
은 기관투자가들의 투자의사결정에 가장 많은 영향력을 미치는
것은 바로 해당산업에서 최고의 권위를 인정받고 있는 분석가이
다. 올 봄 하이닉스 반도체가 12억5,000만 달러(약 1조6천억원)
의 해외증권을 발행하여 외자조달시에 반도체 경기가 불투명함
에도 불구하고 주간사를 맡았던 살로먼 스미스 바니(Salomon
Smith Barney) 본사의 반도체산업 분석가의 역할이 절대적이었
다고 한다. 그는 100여 회가 넘는 대(對) 고객 프리젠테이션을 통
해 반도체 경기의 회복을 예측하고 고객을 설득하여 어려운 상황
에서도 목표한 물량 이상의 증권발행을 성공리에 마무리할 수 있
었다고 한다. 이는 그가 세계에서 가장 권위를 인정받은 분석가
였기에 가능했던 일이다. 참고로 대외적으로 알려진 그의 연봉은
2,000만 달러(260억원)이며 하이닉스 건으로 주간사가 벌어들인
수수료 수입은 4,000만 달러(520억원)가 넘는다는 게 업계의 예
상이다.

또다른 예로 모건스탠리의 반도체 부문 애널리스트인 머크 애
델스톤은 인텔에 대해 PC시장 둔화와 AMD와의 경쟁격화로 인
해 향후 수익이 악화될 것이라는 부정적인 전망으로 인텔에 대해
투자등급과 실적전망을 각각 하향조정했는데, 이에 대한 영향으
로 금요일 하루만에 인텔의 주가는 10% 정도인 4.38달러 하락해
심리적 저지선인 40달러 선마저 뚫렸을 정도로 막강한 영향력을
발휘했다.

미국은 물론 국내에서도 기관투자가들이 증권사에 주문을 줄 때 첫번째 고려대상이 조사분석능력을 본다. 삼성증권이 중소형 사에서 오늘날 대형사로 성장할 수 있었던 배경에는 조사부문의 질적 성장이 큰 역할을 했다는 것이 대내외적인 평가인 것을 보면, 증권사의 경쟁력은 생산부서인 조사부문의 역량에서 비롯된다고 할 수 있다.

CFA Program은 분석가가 되기 위한 윤리성과 기본적인 분석기법을 가르치고 있다. 분석의 대상은 주식, 채권은 물론 선물, 옵션 등 파생상품, 벤처캐피탈투자, 부동산, 해외증권투자 등 그 폭이 아주 넓다. 분석방법은 철저하게 기본적 접근방법(Fundamental Analysis)에 치중하고 있다.

4 M&A전문가 등을 포함하는 투자은행전문가 (Investment Bankers)

증권사의 투자은행업무는 통상 기업금융(Corporate Finance) 업무라고도 한다. 이 업무에는 기업의 주식·채권 발행업무, 기업의 매각과 인수업무 등을 포함한다.

이를 좀더 세분하여 보면 주식관련 업무에서는 주식의 신규상장(IPO), 공모를 통한 주식의 발행, 주식의 사모발행(Private Equity Placement), 구주의 매각업무, 해외주식예탁증서(DR) 등 주식발행을 통한 외자의 조달 등으로 나누어 볼 수 있다. 채권발행은 일반적인 회사채와 주식이 연계된 전환사채(CB), 신주인수권부사채(BW), 교환사채(EB)의 발행 등으로 나누어 볼 수 있고, 투자자에 따라서는 해외사채와 국내사채로 나누어볼 수 있을 것이다.

M&A 업무는 고객회사에 대한 전반적인 조언 업무에서 시작하여 매수 또는 매각 전략의 수립과 실행을 포함하는 아주 포괄적인 업무를 의미한다.

투자은행업무의 공통적인 출발점은 고객의 니즈(needs)에 따른 가장 적절한 해결책을 제시하는 것으로 이를 위해서는 전문적인 지식과 경험이 필수적이다. 전문지식의 첫 단계는 해당기업에 대한 가치와 신용의 평가이다. 이는 조사분석가의 업무와 일맥상통하는 측면이 있다고 할 수 있다. 다음 단계는 조사분석한 자료를 바탕으로 고객의 니즈에 맞는 해결책을 내놓는 것인데 이 과정에서는 Structuring에 대한 독창적인 아이디어와 경험과 노하우가 절대적으로 요구된다.

우리나라 CFA 자격 소지자 중에도 증권사의 해당 부서나 M&A전문 부티크에 근무하는 사람들이 있으며 이들 가운데 몇몇은 Cross-border M&A에 적잖은 실적이 있다고 한다.

5 벤처캐피탈리스트

우리나라의 벤처캐피탈산업은 지난 1986년 중소기업창업지원법이 제정됨에 따라 중소기업창업투자회사가 설립되면서 본격화되었다. 그러나 벤처캐피탈리스트의 시초를 본다면 포르투갈의 탐험가이며 항해사인 콜롬버스의 신대륙 발견으로 거슬러 올라갈 수 있다.

콜럼버스는 탐험에 앞서 신대륙을 발견하면 자신이 총독으로 부임할 것과, 이익의 90%는 왕실에, 나머지는 콜럼버스의 개인 재산으로 한다는 조건으로 스페인의 이사벨 여왕의 자금지원을 받았다. 그렇게 해서 1492년 8월 선원 120명을 태운 3척의 배를 이끌고 신대륙 발견을 위해 탐험을 떠나게 되었다.

이것은 현재의 벤처기업, 벤처캐피탈과 상당한 관련이 있다. 즉, 콜럼버스는 신대륙을 발견하여 자국의 경제적 우위를 위한 무역교두보를 마련한다는 뛰어난 아이디어와 위도항법이라는 신개념의 항해술을 갖춘 벤처기업가인 것이다. 또한 큰 자금위험을 감수하면서도 콜럼버스에게 신대륙 발견이라는 사명감을 심어주면서 무모할 정도로 많은 자금을 지원하고 성공했을 때의 막대한 이익을 계산해 냈던 이사벨 여왕이야말로 최고의 벤처캐피탈리스트의 역할을 수행했던 것이다.

벤처캐피탈리스트는 성공할 경우의 높은 수익을 기대하면서 커다란 위험을 감수하고 새로운 아이디어나 기술을 사업화하는 사람들이며, 이같이 벤처비즈니스의 성공을 위하여 투자되는 자금을 집행하고 기업가치를 평가하는 업무를 수행하는 사람들을 일컫는다.

벤처캐피탈리스트는 기술은 있지만 자금이 부족한 기업의 가치를 평가하고 심사하는 업무를 수행한다. 또한 그 업무를 수행하기 위해서는 해당분야의 전문적인 지식뿐만 아니라 단순히 자금만 지원한다는 역할을 뛰어넘어 기술과 기업경영에 대한 동반자로서 조언할 수 있는 경영컨설턴트의 역할까지도 요구되고 있다. 국내에서는 미래에셋캐피탈의 김정현 팀장을 비롯하여 많은 벤처캐피탈리스트들이 CFA 자격을 소지하고 왕성한 활동을 하고 있다.

6 일반기업의 재무관리자(CFO)

기업재무관리자(Chief Financial Officer)는 자금·회계 부분을 총괄하면서 기업의 현재와 미래의 수익에 대한 현금흐름을 분석하여, 경영 의사결정의 판단자료를 제시하는 일을 한다.

현금흐름이나 수익성이 저조한 사업은 과감히 포기하며, 회사의 부실발생 징후에 대한 사전대응을 할 수 있다. 기업재무관리자(CFO)의 역할은 기업체의 신규사업 진출시 재무적 타당성 분석, 사업계획수립 단계에서의 재무계획 수립, 경영활동 단계에서의 자금조달·자금운용·회계기록, 경영결과 분석단계에서의 재무분석·기업가치평가 업무를 주로 담당한다. 최근 기업 경영환경이 점점 불확실해지면서 이로 인한 기업재무관리자(CFO)의 역할이 증가하고 있다. 미국에서는 이제 CFO가 전통적인 회계기능보다는 사업매각, 합작투자, 인수합병 등에 대한 재무적 판단기준을 제공하는 데 주력하고 있다.

이와 같이 기업의 재무위험과 신규사업에 대한 투자 및 진출시 과학적인 기법을 통한 분석이 기업에게는 흥망이 걸린 중요한 요소이기 때문에 기업재무관리전문가(CFO)가 되기 위한 하나의 필수과정으로서 CFA Program은 아주 이상적인 프로그램이라고 할 수 있다. 국내 굴지의 재벌기업에서는 그룹 차원에서 제조업체 계열사의 재무담당자들에게 CFO가 되기 위해서는 먼저 CFA

가 될 것을 불문율로 정하고 있다고 한다. 현재 국내 CFA 자격 소지자 중에는 화학, 텔레콤, 전자회사의 재무부서에 근무하는 사람들이 있다. 또한 신생 벤처기업에서 CFO를 하는 CFA 자격 소지자도 있다.

7 학계, 연구기관과 금융당국 종사자들

미국을 비롯한 외국과 국내의 대학교수 가운데서도 CFA 자격 소지자를 종종 볼 수 있다. 우리나라에도 서울대 경영학과 조재호 교수를 비롯 학계 및 금융 연구기관에 근무하는 CFA 자격 소지자들이 있다. 이들은 CFA Program이 실무자들을 위한 실질적인 시험이기 때문에 업계의 실정을 간접 경험하기 위한 차원에서 CFA Program을 지원하게 되었다고 한다. 우리나라의 많은 경영대학의 교수사회에서도 CFA Program에 대한 인식이 많이 높아졌으며 교수들의 권유에 따라 시험에 응시하는 대학생들의 수가 점증하고 있는 추세이다. 미국에서는 대학에서 아예 CFA Program과 유사한 교과과정을 개설하여 학생들을 준비시키는 경향도 점차 늘어나고 있다고 한다. 우리나라도 머지않아 그러한 현상이 나타날 가능성이 충분히 있어 보인다.

미국의 증권당국인 SEC는 새로운 정책의 입안과정에서 AIMR 실무자들의 의견을 청취하고 이를 정책이나 입법과정에 반영하고 있다. AIMR의 이러한 역할은 국경을 넘어서고 있다. 캐나다의 증권당국은 AIMR의 윤리규범을 자국 증권업계의 윤리규정으로 정식 채택하여 이를 위반할 경우에는 각종 제재(制裁)를 내릴 수 있도록 한다고 한다.

사실 우리나라의 펀드매니저 윤리규범도 AIMR의 윤리규범을 축약하여 놓은 것에 불과하다. 이러한 현상은 범세계적인 것으로 점차 가속화되고 있다. 급속한 세계화의 진행에 따라 금융당국자들도 글로벌 스탠더드를 알아야 경쟁력을 지닐 수 있는 시대가 되었으며, 이에 따라 금융감독원의 증권관련 담당자들 중 상당수가 CFA Program을 준비하고 있으며 이중 올해 CFA 자격을 받는 이도 있다. 재경원 공무원으로는 허경욱 과장이 유일하다.

증권 · 보험사 국제재무분석사 확보 경쟁

증권, 은행, 보험사 등이 CFA(국제재무분석사)를 확보하기 위해 경쟁적으로 나서고 있다. 국제기준에 맞는 자산관리의 필요성이 높아지자 직원들로 하여금 세계적 권위를 인정받는 CFA 자격증을 딸 수 있도록 적극 지원하고 있는 것.

삼성증권은 최근 전 직원을 대상으로 1인당 최저 400만원에 달하는 CFA 취득 지원방안을 내놨다. 1차 시험 사이버교육비 및 2 · 3차 시험 응시료와 교육비 전액을 회사가 대신 부담한다. 또 한화증권은 CFA를 취득한 직원에게 100만원의 특별 포상금을 지급하고 있으며, 대우 · 현대 · 굿모닝증권 등도 응시료와 교육비 일부를 회사에서 부담한다.

한편, 보험권에서는 삼성생명과 삼성화재가 연봉인상, 자격수당지급 방법으로 직원들의 CFA 취득을 유도하고 있다. 이밖에 산업은행이 교육비와 응시료를 지원하고 있으며 국민은행도 CFA 합격자에게 인사고과 우대 혜택을 주고 200만원의 포상금도 지급한다.

CFA는 미국 투자관리연구협회(AIMR)가 인증하는 자격으로 주식, 채권, 파생상품 등 금융관련 전 분야에 걸친 전문적 지식을 요구한다. 골드만삭스의 유명 애널리스트인 애비 코언도 CFA 자격증을 갖고 있다.

중앙일보 2001년 10월 16일

펀드매니저 · 애널리스트는 어떻게 되나

애널리스트가 되는 첩경은 증권사 · 투신사의 리서치센터에 입사하는 것. 신입의 경우 조사보조(Research Assistant)로 입사, 짧게는 1년, 길게는 수년씩 선배 애널리스트의 업무를 보조하며 도제(徒弟)식 교육을 받는다.

펀드매니저도 크게 다르지 않다. 대학졸업 후 투신사, 은행, 보험회사 등에 운용전문인력으로 입사, 몇 년간의 수련과정을 거친 후 실력을 인정받으면 독자적으로 펀드를 운용하게 되는 식. 과거엔 공채로 신입 직원을 뽑은 후 이 중 몇몇을 운용인력으로 배치하는 것이 일반적이었으나 최근엔 운용인력을 처음부터 별도로 뽑는 추세다.

이밖에 채권 및 신용분석 전문 애널리스트를 하다 펀드매니저로 전환하거나 증권사나 은행에서 주식 트레이딩을 하다 전문 펀드매니저로 발탁되기도 한다.

펀드매니저 · 애널리스트는 상경계열 출신이 압도적이긴 하나 필수조건은 아니다. 삼성투신운용 김용범 상무는 "회계 · 투자론 등 일정수준 이상의 경제학적 지식은 기본으로 갖춰야 하지만 그보다는 업무 스트레스에 대한 저항력, 의사결정에 있어서의 민첩성 등 개인적 소양이 보다 중요하다"고 말한다.

최근에는 정보통신이나 인터넷 산업 분야의 애널리스트를 중심으로 수학 등 이공계 전공자들이 늘고 있고 해외 MBA 출신의 증가도 두드러진다. 삼성투신운용 펀드매니저 10명 중 4명, 삼성증권 리서치센터 애널리스트 34명 중 6명이 해외 MBA 출신이고 5명이 이공계 출신이다.

또 지난 6월 실시된 미국 공인재무분석사(CFA) 시험에 3,000명 이상이 응시하는 등 관련 자격증 시험에 지원자가 대거 몰리는 것도 새로운 경향. CFA는 미국투자경영분석협회가 인증하는 금융 및 투자 전문가 자격시험으로 펀드매니저나 애널리스트의 몸값에 큰 영향을 미친다.

한국증권분석사회가 주관한 올해 증권분석사 시험도 응시자가 크게 늘었는데, 이는 자격취득시 펀드매니저나 애널리스트 취업에 다소간 메리트가 주어질 것이라는 기대 때문으로 보인다.

한국일보 2001년 9월 10일

증권·재무분야 유망 자격증

경제에 대한 관심이 높아지면서 캠퍼스에서도 금융이나 증권 관련 자격증이 많은 인기를 얻고 있다. 금융·증권관련 자격증은 10여 개가 있으나 대표적인 것은 증권분석사, 외환관리사, 국제무역사 등이다. 국제자격증으로는 미국공인회계사(AICPA), CMA(공인관리회계사), CFA(재무분석사), FRM(재무위험관리사) 등이 있다.

증권분석사

주식, 채권 등 유가증권의 가격변동과 수익률, 기업의 재무상태 등을 분석한 뒤 기업 및 투자자에게 투자방향을 제시하는 전문가이다. 증권, 투신, 은행 등 기관투자가로 활동하거나 투자정보업체 등에서 일하게 된다. 이미 미국에서 증권분석사는 증권관련 최고의 자격증으로 대우받고 있다.

증권분석사는 펀드매니저, 애널리스트, 선물·옵션전문가, M&A(기업인수합병)전문가 등으로 진출할 수 있다. 1차 시험과목은 경영학, 경제학, 회계학, 상법으로 객관식으로 출제된다. 주관식으로 출제되는 2차 시험과목은 경제학, 회계학, 증권투자론, 증권관계법이다.

외환관리사

기업의 외화자산을 관리하고 외환거래시 발생할 수 있는 각종 리스크를 분석한다. 또 다양한 파생금융상품을 활용해 가장 효과적으로 외환리스크를 관리하고 자산 재테크 업무를 수행한다.

자격증은 1·2종으로 나뉘며 2종 시험은 외환이론과 파생금융상품 등 4과목 160문항이 4지선다형으로 출제된다. 자격증을 취득하면 은행, 투신사, 종금사, 선물회사 등 금융기관 취업에 유리하다.

국제무역사

무역실무 처리능력을 대외적으로 인정받는 자격증이다.

시험은 매년 9월 첫째주 일요일 치러진다. 시험과목은 대외무역법, 관세법, 외환관리법 등 무역관계법과 외환실무, 무역결제, 해상보험, 무역영어 등 실무 위주다.

미국공인회계사(AICPA)

미국공인회계사협회에 소속된 공인회계사를 지칭한다. 세계 각국에서 활약하는 것은 물론 국내에서도 한국공인회계사와 동일한 자격을 인정받는다.

기업 회계감사를 비롯해 국제업무 컨설팅, M&A 분석, 자산운영 자문역 등으로 활동한다. 응시자격은 제한이 없으며 시험과목은 재무회계, 특수회계, 상법, 회계감사 등 4과목이다.

합격기준은 각 주마다 약간의 차이가 있으나 절대평가로 100점 만점에 각 과목별 75점 이상이면 합격이다.

공인관리회계사(CMA)

지난 1972년 미국에서 처음 시행된 자격증으로 기업 경영의 주요 분야에서 예측 가능한 미래상황을 분석 · 검토해 의사결정에 필요한 정보를 제공한다.

향후 국제회계 기준의 도입 등으로 그 필요성이 증대하고 있으며 기업에서의 수요도 급격히 늘어날 것으로 예상된다. 응시자격은 전공 관계없이 4년제 대학 졸업자나 4학년 2학기 재학생(졸업예정자)이다.

재무분석사(CFA)

미국투자경영분석협회가 인증하는 금융 · 투자분야 전문가다. 시험 목적은 증권 · 채권 · 부동산 · 선물 · 옵션 등 투자 및 기업 · 산업분석 전문가를 양성하는 것이다.

지난 1997년 외환위기 이후 수십명에 불과했던 1차 시험 응시자가 1999년 800여 명, 올해는 무려 5,000여 명으로 늘었다. 특히 세계 모든 금융 관련업계에서 자격증의 권위를 인정하고 있어 입사나 승진시 매우 유리하다.

시험은 3차로 구성되며 1차는 객관식, 2 · 3차 시험은 문제점 진단, 논술 등으로 치러진다.

재무위험관리사(FRM)

채권 · 주식 · 파생상품 등 각종 금융자산 가격변동 위험을 통계학적 기법으로 수량화함으로써 금융리스크를 통합 관리한다.

IMF체제 이후 금리, 주가, 환율 등의 변동폭이 커져 체계적인 금융위험 관리가 중요해지면서 주목받기 시작했다. 전세계적으로 자격증 소지자는 500명 미만이고 시험은 1년에 한 차례 치러진다.

금융위험관리와 관련된 분야에서 2년 이상의 실무경력이 있어야 자격증이 부여된다.

매일경제 2000년 11월 7일

CFA 시험개요

1. 응시자격 요건

2. 시험과목 및 출제비중

3. CFA 시험응시방법 및 절차

4. 시험응시비용

5. 시험에 필요한 교재

6. 시험일정 및 장소

7. 시험준비물 및 계산기 관련정책

8. 합격기준 및 합격자발표

9. 실무경력

<CFA 4

1 응시자격 요건

CFA시험의 응시자격은 4년제 대학 졸업자 또는 졸업예정자로서 성별, 나이에 제한없이 응시할 수 있다. 대학 졸업예정자는 시험 당해년도 12월 31일까지 졸업학점 이수 인증을 받아야 한다.

대학을 졸업하지 못한 사람이라 할지라도 AIMR에서 학사학위에 준하는 경력을 갖추었다고 인정하면 시험에 응시할 수 있다. 특히 대학 졸업예정자는 합격자 발표시 졸업학점 이수 증명서나 졸업증명서를 요구하기 때문에 시험 당해년도 12월 31일까지 졸업학점 이수를 증명하지 못하면 응시할 수 없다. 또한 위와 같은 자격을 이수하지 못하였을 경우에는 시험결과에 관계없이 시험 응시가 취소되며, 응시료가 환불되지 않으므로 주의하여야 한다.

대학을 졸업하지 못했거나 현재 재학중인 응시자 가운데 실무 경력을 소지한 자로서, 학사학위에 준하는 경력이 있을 경우 시험에 응시할 수 있는데, 이러한 경력도 사전에 반드시 AIMR에 경력에 관해 시험가능 여부를 질문한 후 시험에 응시해야 한다.

연도별 CFA 시험등록자 현황

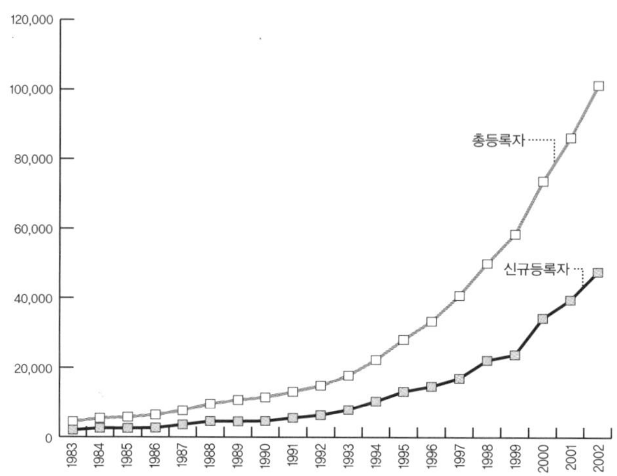

연도	신규등록자	총 등록자	연도	신규등록자	총 등록자
1983년	1,991명	4,393명	1994년	10,381명	22,338명
1984년	2,538명	5,408명	1995년	13,215명	28,150명
1985년	2,493명	5,738명	1996년	14,690명	33,397명
1986년	2,662명	6,417명	1997년	17,027명	40,766명
1987년	3,569명	7,664명	1998년	22,183명	50,051명
1988년	4,564명	9,588명	1999년	23,807명	58,503명
1989년	4,527명	10,720명	2000년	34,287명	73,749명
1990년	4,616명	11,486명	2001년	39,542명	86,229명
1991년	5,555명	13,126명	2002년	47,581명	101,383명
1992년	6,353명	14,882명	2003년	38,792명	102,351명
1993년	7,910명	17,807명			

자료출처 : AIMR 2003년 9월

참고로, 2003년 6월 1일 시행된 CFA시험의 응시자 수는 157개국 12만 9,108명이었으며, 세계 270개 시험장에서 동시에 실시되었다. 2003년 CFA시험의 경우 실제로 시험에 응시한 인원은 10만 1,787명이었다. 국내에서는 5,000여 명이 CFA시험에 등록하였으며, 약 3,000여 명의 국내 수험생들이 CFA시험을 치렀다. 일반적으로 시험당일 결시율이 평균 20~30% 정도로 상당히 높은 편이다. 2003년 처음 실시되는 12월 시험(12월 7일)에는 1,900여 명의 응시자가 몰리는 기록을 세우기도 했다.

2 시험과목 및 출제비중

CFA시험은 Level Ⅰ, Ⅱ, Ⅲ로 구성되어 있으며 각 Level별로 출제되는 주제나 비중은 단계가 올라갈수록 조금씩 다르다.

CFA시험과목은 기본과목으로 재무관리, 경제학, 통계학, 재무제표분석 등의 〈Investment Tool〉, 주식과 채권, 부동산에 대한 가치평가를 위한 〈Asset Valuation〉, 〈Portfolio Management〉, 선물·옵션·스왑 등 파생상품의 가격결정과 기업의 재무위험관리를 위한 〈파생상품〉, 직업윤리규정에 관한 〈투자윤리〉에 이르기까지 증권·금융분야 및 기업재무관리자가 가져야 할 전문적 지식으로 구성되어 있다.

■ CFA 시험과목

① Ethical and Professional Standard(투자윤리)
② Quantitative Methods(통계학)

③ Economics(경제학)

④ Financial Statement Analysis(재무제표분석)

⑤ Corporate Finance(재무관리)

⑥ Markets Instrument & Analysis of Alternative Investment(금융상품 및 대체투자자산분석)

⑦ Analysis of Debt Investment(채권분석 Fixed Income Securities)

⑧ Analysis of Equity Investments(주식분석)

⑨ Derivative Investment(파생금융상품)

⑩ Portfolio Management(포트폴리오)

CFA 시험과목은 크게 투자윤리, 재무관리, 경제학, 통계학, 재무제표분석, 투자론, 파생금융상품 등으로 나눌 수 있다.

(1) Level Ⅰ의 주요과목

CFA Level Ⅰ의 가장 중요한 과목은 〈재무제표분석〉이다. CFA 시험의 전체 출제비중의 28% 정도로 많이 차지하고 있는 과목이기도 하다. 〈재무제표분석〉은 가장 기초과목이지만 가장 준비를 많이 해야 하는 전략과목이다. 또한 Level Ⅱ에서도 25%~35%의 비중을 차지하는 중요한 과목이다.

시험비중 15%를 차지하고 있는 〈투자윤리〉는 응시자들에게 Level Ⅰ 과목 중 가장 어렵게 여겨지고 있다. Level Ⅱ와 Ⅲ에서도 10%를 차지하고 있는데, 이처럼 〈투자윤리〉가 CFA 시험과목에서 큰 비중을 차지하는 이유는 CFA Charter 소지자들의 활동

영역 대부분이 펀드매니저, 애널리스트, 벤처캐피탈리스트, 기업
재무관리자 등으로, 증권금융관련 전문인으로서 지켜야 할 기본
적인 윤리와 규범을 AIMR에서 얼마나 중요시 여기는지 보여주
고 있는 것이다. 특히 AIMR에서는 CFA Charter 소지자들이 직
업윤리규정을 위배할 경우 CFA 자격을 취소하는 등 상당한 규제
를 하고 있다. 이러한 엄격한 직업윤리규정으로 인해 CFA가 증권
금융자격증 가운데 최고의 권위를 인정받고 신뢰성을 갖게 하는
이유일 것이다.

〈경제학〉은 Level I 의 〈재무제표분석〉, 〈투자윤리〉와 더불어
10%의 출제비중을 차지하지만 Level II, III 로 올라갈수록 비중이
줄어든다. 〈경제학〉이라는 기본과목을 전제로 Level II, III 로 올
라갈수록 외환중심의 국제 금융부분의 비중이 높아지기 때문이다.

〈통계학〉은 재무관리 분야의 기초과목인 화폐의 시간가치 부
분(Time Value of Money)을 포함하여 12%의 출제비중을 차지
한다. 〈통계학〉도 〈경제학〉과 마찬가지로 Level II, III 로 올라갈
수록 비중이 줄어든다.

이와 같이 Level I 시험의 기초과목인 〈경제학〉, 〈통계학〉, 〈재
무제표분석〉에 대한 출제비중은 50%에 달한다. 따라서 Level I
시험에 대비해서는 기초과목에 대한 준비를 철저히 해야만 한다.

(2) 그밖의 주요과목

〈주식분석〉, 〈채권분석〉, 〈금융상품분석〉, 〈파생금융상품〉 등
의 투자론 분야는 Level I 에서는 30%의 출제비중에 그치지만,
Level II 에서는 〈파생금융상품〉을 포함하여 35~45%를 차지하면

서 가장 중요한 과목이 된다. 또한 Level Ⅲ에서는 30～40%를 차지하고 있다.

〈포트폴리오〉는 Level Ⅰ에서는 5%, Level Ⅱ에서는 5%～15%의 비중을 차지하고 있지만 Level Ⅲ에서는 〈파생금융상품〉을 포함하여 40～60%의 비중을 차지하고 있다.

즉, CFA 시험과목의 출제경향을 보면 Level Ⅰ에서는 기초과목인 〈재무제표분석〉, 〈경제학〉, 〈통계학〉의 출제비중이 높으며, Level이 높아질수록 투자론 분야의 출제비중이 높아진다.

2004 Examination Guideline Topic Area Weights

Topic	Survey Results	Level Ⅰ	Level Ⅱ	Level Ⅲ
Ethical & Professional Standards	10%	15%	10%	10%
Investment Tools:				
· Economics	10%	10%	0～10%	0%
· Quantitative Analysis	10%	12%	0～10%	0～10%
· Financial Statement Analysis	20%	28%	25～35%	0%
Asset Valuation*	35%	30%	35～45%	30～40%
Portfolio Management*	15%	5%	5～15%	40～60%
TOTAL	100%	100%	100%	100%

* Economics is part of Portfolio Management at Level Ⅲ.

* Corporate Finance is part of Financial Statement Analysis at Level Ⅰ.

* Derivatives are a part of both asset valuation(Levels I and II) and portfolio management(Level Ⅲ).

2002 CFA LevelⅡ Examination Format Weight

Topic	Format	Weight	Minutes
Ethical & Professional Standards	Item Set	10%	36
Quantitative Analysis	Item Set	10%	36
Economics	Item Set	10%	36
Financial Statement Analysis	Item Set	20%	72
Asset Valuation*	Essay	40%	144
Portfolio Management*	Essay	10%	36
TOTAL		100%	360

＊ Derivatives are a part of both asset valuation (Levels I and II) and portfolio management (Level Ⅲ).

2002 CFA LevelⅢ Examination Format Weight

Topic	Format	Weight	Minutes
Ethical & Professional Standards	Item Set	10%	36
Quantitative Analysis	Item Set	10%	36
Asset Valuation - Debt Investments	Item Set	10%	36
Asset Valuation - Equity and Alternative Investments	Essay	10%	36
Portfolio Management - Derivatives	Item Set	10%	36
Portfolio Management - Risk Management	Item Set	10%	36
Portfolio Management - Institutional and Individual*	Essay	40%	144
TOTAL		100%	360

＊ Includes Economics

3. CFA 시험응시방법 및 절차

AIMR(www.aimr.org) 홈페이지에서 응시원서를 다운 받아 개별적으로 작성한 후 접수마감일 이내에 AIMR에 직접 발송하거나 온라인으로 접수할 수도 있다.

온라인 원서 접수방법은 AIMR(www.aimr.org) 홈페이지에서 기존 등록자나 재응시자일 경우 'Candidate Services'로 들어간 후 등록(User name, Password 등록)을 먼저 해야 한다. 기존 응시자나 재응시자의 등록방법은 'Candidate Services'에서 등록 후 AIMR 홈페이지의 CFA Program으로 들어간 후, 'On-line Candidate Registration'에서 원서를 작성하면 된다.

CFA시험을 처음 응시하는 신규 등록자일 경우 AIMR 홈페이지의 CFA Program으로 들어가서, 'On-line Candidate Registration' 클릭 후, 'Get Them Now'라는 문구가 나오면 그곳을 클릭 후 원서를 작성하면 된다.

우편이나 국제특급우편(Overnight Carrier : DHL, Fedex, UPS 등)을 통한 오프라인 접수는 접수확인까지 최소 1개월 정도의 시간이 소요된다. 시험접수를 확인하기 위해서는 특별한 방법이 없다. 시험등록이 되었다는 확인방법은 응시 및 등록비용을 카드로 납부할 경우 해당 카드사의 카드승인 확인을 통해 가능하다. 그렇지 않으면 AIMR에서 원서접수 후 발송되는 〈Study Guide〉나 기타 자료를 받아 보았을 경우에만 원서접수가 되었다는 것을 확인할 수 있다.

온라인으로 원서를 접수할 경우 온라인으로 원서등록 후 바로 확인이 가능하다. 따라서 원서접수확인 및 비용절감을 위해서라도 반드시 온라인으로 원서를 등록하는 것이 좋다. 그러나 온라인으로 원서를 접수할 경우에는 시험응시 및 등록비용을 지불할 때 신용카드로만 결제할 수 있다는 단점이 있다. 'Money Order' 나 'Corporate/Personal Check'로 할 경우에는 온라인으로는 불가능하기 때문에 오프라인으로만 원서접수가 가능하다는 점에 유의해야 한다.

또한 온라인으로 등록할 때는 원서등록마감일 직전에 원서접수가 폭주하여 AIMR 홈페이지에서 접수가 잘 되지 않으므로 반드시 접수마감일 2~3일 전에 해야 한다.

오프라인으로 원서를 접수할 경우 주의해야 할 점은 2001년부터 시험접수 마감일이 우편소인 기준일이 아니라 AIMR에 도착해야 하는 도착일 기준으로 변경되었다는 것이다. 따라서 접수마감일까지 보내려면 국제우편의 경우 15일 이전에, 그리고 국제특급우편으로 발송할 경우 접수마감일 최소 5일 전에 보내야 한다. 만일의 경우 즉, 도난, 분실 등의 위험을 줄이기 위해 가능한 국제특급우편(Overnight Carrier : DHL, Fedex, UPS 등)을 이용하라는 것이 AIMR의 권고사항이다. 또한 국제특급우편을 통해 우편물을 발송할 경우에는 원서접수가 되었는지 그 여부를 확인할 수 있기 때문에 도착확인을 위해서도 국제특급우편을 이용하는 것이 좋다.

AIMR(www.aimr.org) 주소

① 국제우편을 이용할 경우

Association for Investment Management and Research

P.O. Box 3668

Charlottesville, VA 22903-0668 U.S.A

Telephone: 800-247-8132 or (01) 434-951-5499

Fax: (01) 434-951-5262

E-mail: info@aimr.org

② 국제특급우편(Overnight Carrier : DHL, Fedex, UPS 등)을 이용할 경우

Association for Investment Management and Research

Department A

560 Ray C. Hunt Drive

Charlottesville, VA 22903-2981 U.S.A

Telephone: 800-247-8132 or (01) 434-951-5499

Fax: (01) 434-951-5262

E-mail: info@aimr.org

HOME | CFA® Program | Member Services | Candidate Services | Investor Services

ABOUT AIMR

AIMR ADVOCACY

AIMR CONFERENCES

AIMR DIRECT
Webcasts

AIMR JOBLINE

AIMR MEMBER
SOCIETIES & CHAPTERS

AIMR PUBLICATIONS

AIMR STANDARDS
Performance & Ethical

HOW TO JOIN AIMR

MEMBER DIRECTORY
Members Only

PRESS ROOM
AIMR in the News

Special Message: Tom Bowman, CFA, on WTC Tragedy

2002 Registration and Enrollment materials for CFA Exams are now available online in the **CFA Program** section.

Results of the CFA exam are available online. To access your results online, you first will need a user name and password for the **Candidate Services** section of the site.

Introducing *AIMR Exchange* **Online** (Members Only)
With the new interactive version of *AIMR Exchange*, get immediate access to the latest association news, member profiles, industry insights, and more.

Continuing Education Public Comment Period

- Learn about the program
- Review proposed bylaw amendments
- Submit comments and questions
- View CE Diary Demo and the Self-Test Prototypes

AIMR Board seeks public comment on Issues Paper on Analyst Independence (pdf, 56k)
The Board of Governors of the Association for Investment Management and Research (AIMR? and its Task Force on Analyst Independence seek comment on its Proposed Issues Paper, Preserving the Integrity of Research. Cover Letter from Speece, Zeikel, and Bowman Comments Received

Setting a Higher Standard for Investment Professionals Worldwide ™ | Sitemap | Search | Contacting AIMR

GO TO...

This file was last modified on: Wednesday, October 10, 2001

ABOUT AIMR

AIMR ADVOCACY

AIMR CONFERENCES

AIMR DIRECT
Webcasts

AIMR JOBLINE

AIMR MEMBER SOCIETIES & CHAPTERS

AIMR PUBLICATIONS

AIMR STANDARDS
Performance & Ethical

HOW TO JOIN AIMR

MEMBER DIRECTORY
Members Only

PRESS ROOM
AIMR in the News

The **Chartered Financial Analyst (CFA®) Program** is a globally recognized standard for measuring the competence and integrity of financial analysts. Its curriculum develops and reinforces a fundamental knowledge of investment principles. Three levels of examination measure a candidate's ability to apply these principles at a professional level. The CFA exam is administered annually in more than 70 nations worldwide.

Online Candidate Registration for the CFA Exam is now available.

First-time Registrants: **2002 Registration and Enrollment Package** is available online to download and submit.

If you are unable to download the Registration form, you may request the package by surface mail.

Returning Candidates (who are already registered with AIMR) should enroll using **2002 Enrollment Packages** for **Level I & II** or **Level III** CFA Exams

CFA Program Viewbook
An overview of the CFA Program to read online

CFA Advantage
an online newsletter about the CFA Program (receive it by email).
CFA Advantage Archive

- CFA Charter Requirements
- Registration Information
- Entrance Requirements
- Important Dates
- Enrollment Fees
- 2002 Textbook Order Forms
- 2002 Study Guides
- Study Guide Outlines
- Special Exam Information
- Work Experience Guidelines
- Frequently Asked Questions about the CFA Program
- Disability Accommodation Form
- Religious Alternative Date forms: **(pdf)** Saturday Exemption, Sunday Exemption

- Candidate Body of Knowledge
- CFA Candidate Profile
- CFA Candidate Self-Assessment Test **(pdf)**
- Calculator Policy
- Information for Prep Course Providers
- Services for Academic Faculty
- CPE Credit for CFA Exam

Go to...
- Global Exam Waivers
- Request Info

CFA Program brochures also available in PDF format:

Spanish **(288k)**	Japanese **(2,030k)**
Italian **(292k)**	German **(292k)**
French **(285k)**	Chinese **(1,568k)**
English **(288k)**	

AIMR® CFA Program
HOME
CFA® Program
Member Services
Candidate Services
Investor Services
ABOUT AIMR
AIMR ADVOCACY
AIMR CONFERENCES
AIMR DIRECT
Webcasts
AIMR JOBLINE
AIMR MEMBER
SOCIETIES & CHAPTERS
AIMR PUBLICATIONS
AIMR STANDARDS
Performance & Ethical
HOW TO JOIN AIMR
MEMBER DIRECTORY
Members Only
PRESS ROOM
AIMR in the News
Notice:
Netscape 6.1 is not compatible with AIMR's Online Candidate Registration at this time. If you are using Netscape 6.1, you should return to the CFA Program page and select the appropriate forms for registration and enrollment.
All other users can proceed to Online Candidate Registration.
클릭!

CFA® Program
Online Candidate Registration

Friday, October 12, 2001

Welcome to Online Registration and Enrollment for the CFA Program. If you already have a username and password, please log in now. If you are new to Online CFA Program Enrollment and do not have a user name and password, please click here.

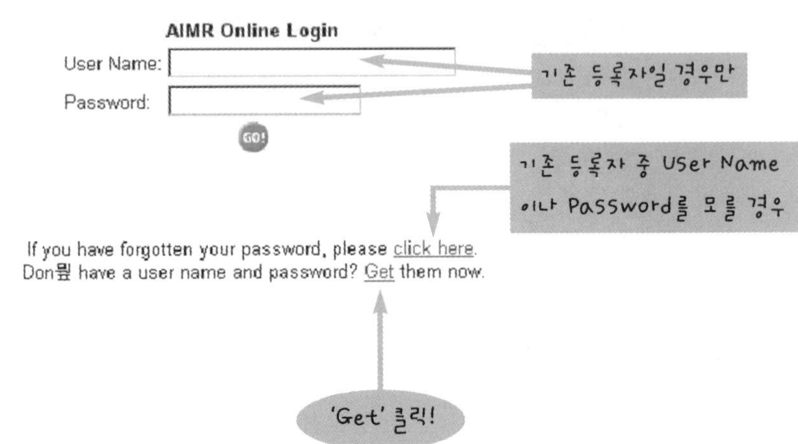

CFA® Program
Online Candidate Registration

Home Help Logout

Friday, October 12, 2001

Before beginning the CFA Program registration/enrollment process, please have the following items/information at your disposal:
- To register for the CFA Program, you must have a bachelor's degree or the equivalent no later than 30 September of the current exam year or four years of work experience (see entrance requirements)
- National Identification Number (example: U.S. social security number)
- AIMR Identification Number (located on mailing label of registration package label if received by surface mail)
- Credit card number and expiration date
- Access to a printer

It should take approximately 30 minutes to complete and submit this form.

If you are new to the CFA Program
You must get a user name and password before enrolling for Level I of the CFA Program.

If you have previously registered for the CFA Program
And you do not have a user name and password for this site, you must first get a user name and password before re-enrolling in the program.

Setting a Higher Standard for Investment Professionals Worldwide ™

Read the entire enrollment form carefully and be sure you understand the conditions, requirements, policies, and procedures that will govern your participation in the CFA Program. You must adhere to these policies and procedures as a condition of participating in the CFA Program. Be certain that you answer all questions on the enrollment form: the Professional Conduct Inquiry, Professional Conduct Statement, and Candidate Responsibility Statement.

There are five sections for enrolling in the CFA Program:

1. Exam Information
2. Professional Conduct Inquiry
3. Professional Conduct Statement
4. Candidate Responsibility Statement
5. Permission to Use Personal Information

Payment

If you wish to submit your CFA Program enrollment electronically, you must pay with a credit card. If you wish to pay with check, you can complete the online enrollment process, print a hard copy of your transmittal form, and mail it to:

Association for Investment Management and Research
Department A
560 Ray C. Hunt Drive
Charlottesville, VA 22903-2981 USA

If you are not certain whether you should register for the CFA Program, try taking the CFA Self-Assessment test on the AIMR Web Site.

Home Help Logout

Monday, October 15, 2001

This process leads to Level I enrollment. In order to enroll for Level II and Level III exams, you will need your previously assigned AIMR Identification Number.

AIMR Online Authentication For New Candidates

It's time to get a user name and password, which you'll need to register and enroll for the CFA Program and, later, to access the Candidate Services section of the AIMR Web site. Be sure to remember your AIMR Identification Number, User Name, and Password for later use.

Enter your AIMR Identification Number, if known:

신규등록자는 빈칸

(A six-digit identification number that appears on materials you have received from AIMR.)

Enter Your Last Name: Hong

(Required only when you have entered an AIMR Identification Number.)

Enter a username: hgd777

ID 입력

(Choose something easy to remember. Use at least 4 characters with no spaces.)

Enter a password: ********

password 입력

(Choose something easy to remember. Use at least 4 characters with no spaces.)

Re-enter password: ********

Security Question: What was the name of your pet?

(You will have to answer this question in order to receive a forgotten password.)

Enter your answer here: tiger

Continue >>

위 내용을 입력한 후 다음으로 클릭

Setting a Higher Standard for Investment Professionals Worldwide ™

?2001 Association for Investment Management and Research
By using this web site, you agree to all of AIMR's Terms and Conditions and Privacy Policy.

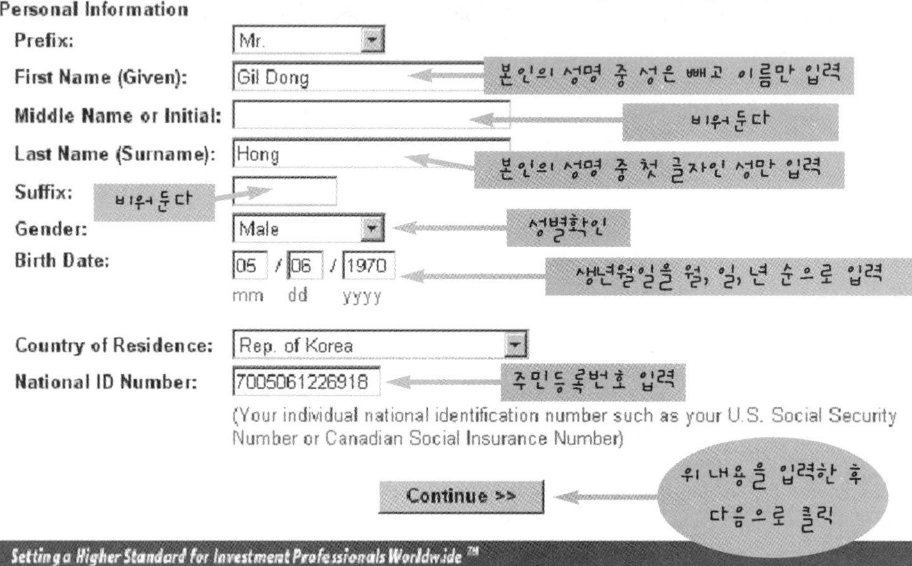
CFA® Program
Online Candidate Registration

Home Help Logout

If you have any questions about our records, please call AIMR at: 1-800-247-8132 or (01) 434-951-5499 or you may update your information now online.

AIMR Identification Number: --none--
Status: Level I Candidate

Personal Information
Prefix: Mr.
First Name (Given):   Gil Dong
Middle Name or Initial:
Last Name (Surname):   Hong
Suffix:
Gender: Male
Birth Date: 05 / 06 / 1970
                               mm   dd   yyyy

Country of Residence: Rep. of Korea
National ID Number: 7005061226918
(Your individual national identification number such as your U.S. Social Security Number or Canadian Social Insurance Number)

Continue >>

Setting a Higher Standard for Investment Professionals Worldwide ™

?2000 Association for Investment Management and Research
By using this web site, you agree to all of AIMR's Terms and Conditions and Privacy Policy.

본인의 성명 중 성은 빼고 이름만 입력
비워둔다
본인의 성명 중 첫 글자인 성만 입력
비워둔다
성별확인
생년월일을 월, 일, 년 순으로 입력
주민등록번호 입력
위 내용을 입력한 후 다음으로 클릭

If you have any questions about our records, please call AIMR at: 1-800-247-8132 or (01) 434-951-5499 or you may update your information now online.

Please Select Preferred Method of Communication:

Note: For the 2002 candidate cycle, both surface mail and e-mail will be utilized for communications.

Preferred Type of Communication: ○ Surface Mail   ⦿ Email   ◄━━━━   E-mail 선택

Some carriers will not deliver to Post Office boxes. Providing a business address is highly encouraged as your preferred address.

Send general information to: ○ Home Address   ⦿ Business Address

Send CFA exam results to: ○ Home Address   ⦿ Business Address

Home Address

☐ My business address is the same as my home address.

☐ I am self employed.

Street Address 1:   101-310,Haeng Shin Dong

Street Address 2:   Duck Yang Gu

City: Ko Yang

State/Province: kki

(Please use the 2-4 character abbreviation for your state or province.)

Zip+4/Postal Code:

Country: Rep. of Korea

Phone Number: 82-31-979-1111

(Enter as country code, area code, and local number.)

Fax Number:

(Enter as country code, area code, and local number.)

Personal Email: jmlee@kpc.or.kr

Work Address

Company Name: Korea Productivity Center

Address Line 1:   122-1,Jeok Seon Dong

Address Line 2:   Jong Ro Gu

City: Seoul

State/Province:

(Please use the 2-4 character abbreviation for your state or province.)

Zip+4/Postal Code:

Country: Rep. of Korea

Phone Number: 82-2-724-1110

(Enter as country code, area code, and local number.)

Fax Number: 82-2-739-6245

(Enter as country code, area code, and local number.)

Business Email: jmlee@kpc.or.kr

[Continue >>]   ◄━━━━   위 내용을 입력한 후 다음으로 클릭

Home Help Logout

If you have any questions about our records, please call AIMR at: 1-800-247-8132 or (01) 434-951-5499 or you may update your information now online.

Education

대학졸업자인 경우 체크

Tips for this section

All applicants must select one of the following:

좌측상단 체크 후 대학졸업 월, 년 순으로 입력

○ My completed college/university degree is a U.S. bachelor's degree or higher (or comparable non-U.S. degree).

Date highest college/university degree received:

02	1995
mm	yyyy

학생인 경우 체크

○ I am a student and will receive my U.S. bachelor's degree (or comparable non-U.S. degree) by 30 September 2002.

Date I expect to receive my college/university degree:

mm	yyyy

Number of college/university years completed:

○ I have a combination of at least four years of college/university and professional work experience <u>or</u> a total of at least four years of professional work experience.

Number of college/university years completed:

Transcripts are not required but random checks may be made.

If you do not have a degree, you must send AIMR a detailed description of all current and previous full-time professional employment. Summer, part-time, and internship positions do not qualify.

○ I have no degree or professional work experience.

[Continue >>]

위 내용을 입력한 후
다음으로 클릭

CFA® Program
Online Candidate Registration
Home Help Logout
If you have any questions about our records, please call AIMR at: 1-800-247-8132 or (01) 434-951-5499 or you may update your information now online.

Professional Information
Industry Classification:
Other
Tips for this section
해당분야 입력

Title and Occupation Classification:
(Choose up to two)
Other
Other
해당분야 입력

Industry Specialty:
(Choose up to three)
Other
Other
Other
해당분야 입력

Continue >>

From here you will proceed to your registration summary page. From there you will be able to review and edit the information you entered.

Setting a Higher Standard for Investment Professionals Worldwide™

?2001 Association for Investment Management and Research
By using this web site, you agree to all of AIMR's Terms and Conditions and Privacy Policy.

위 내용을 입력한 후
다음으로 클릭

 AIMR®

CFA® Program
Online Candidate Registration

Friday, October 12, 2001

If you have any questions about our records, please call AIMR at: 1-800-247-8132 or (01) 434-951-5499 or you may update your information now online.

Please verify that the information is correct.

Personal Information

AIMR Identification Number: --none--

Status: Level I Candidate

Name: Mr. Gil Dong Hong

Birth Date (mm/dd/yyyy): 05/06/1970

Gender: Male

National ID Number: 7005061226918

Country Of Residence: Rep. of Korea

> **Edit my personal information**

Mailing Information

- I prefer that you communicate with me using email.
- I prefer that you send general information to my business.
- I prefer that you send my CFA exam results to my business.

Home Address: 101-310,Haeng Shin Dong Duck Yang Gu

Home City/State/Postal Code: Ko Yang kki

Home Country: Rep. of Korea

Home Phone Number: 82-31-979-1111

Home Fax Number: --none--

Home Email: jmlee@kpc.or.kr

Business Name: Korea Productivity Center

Business Address: 122-1,Jeok Seon Dong Jong Ro Gu

Business City/State/Postal Code: Seoul

Business Country: Rep. of Korea

Business Phone Number: 82-2-724-1110

Business Fax Number: 82-2-739-6245

Business Email: jmlee@kpc.or.kr

> **Edit my mailing information**

Education Information

My completed college/university degree is a U.S. bachelor's degree or higher (or comparable non-U.S. degree).

Date highest college/university degree received: 02/1995

> **Edit my education information**

Professional Information

Industry Classification: Other

Title and Occupation: Other / Other

Industry Specialization: Other / Other / Other

> **Edit my professional information**

> **Go To Enrollment >>**

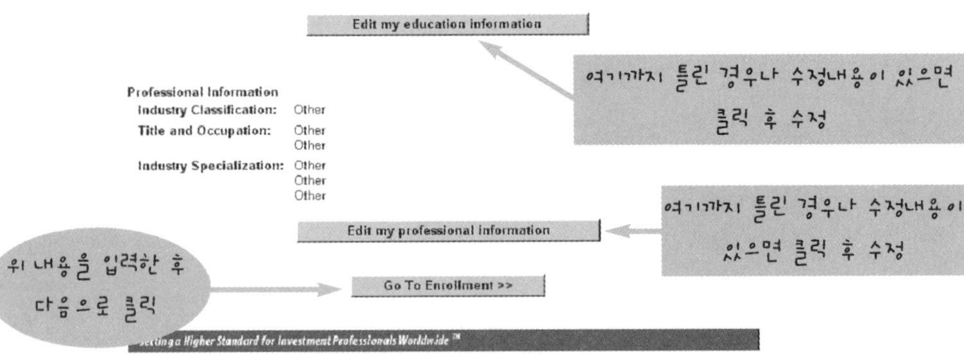

Home Help Logout

Thank you. Now that we have that information, you can proceed with the enrollment process.

Steps for Enrolling in Level I of the CFA Program.
Read the enrollment form carefully and be sure you understand the conditions, requirements, policies, and procedures. You must adhere to these policies, and procedures as a condition of participating in the CFA Program. Be certain you answer all questions on the Enrollment pages: the Professional Conduct Inquiry, Professional Conduct Statements, and the Candidate Responsibility Statement.

There are five sections for enrolling in Level I:

1. Exam Information
2. Professional Conduct Inquiry
3. Professional Conduct Statement
4. Candidate Responsibility Statement
5. Permission to use Personal Information

Payment

- If you wish to submit your CFA Program enrollment electronically, you must pay with a credit card. If you prefer to pay by check, complete the following section, print the transmittal form, and mail it to AIMR with your check made payable to AIMR in the appropriate amount and in U.S. funds for the total fee indicated in the 2002 Enrollment Fee Schedule. Payment must accompany your mailed Transmittal Form; do not mail payment separately.
- If you have any questions regarding refunds, please see AIMR's Refund Policy.

Application Processing

A CFA Program Study Guide is sent to an applicant when payment is processed. Your acceptance is immediate if you submit a valid credit-card payment electronically; however, if you send your payment by surface mail, processing and receipt of your acceptance letter may take several weeks.

Incomplete Application

Your CFA Program enrollment must include the current exam year's Enrollment Form containing all required information and full payment. *If you submit an incomplete application, you will receive only one* notice from AIMR. Applications must be completed and received by AIMR within 30 days of the date of this written notice, so missing information and/or items should be sent via overnight carrier to avoid postal service delays. Applicants should check their status with AIMR within two weeks of sending this information. If an incomplete application is not completed at that point, enrollment will be cancelled.

Applications are considered incomplete if you do not answer all questions on the Enrollment Form clearly and completely, or if you do not complete both the Professional Conduct Inquiry and the Candidate Responsibility Statement.

Level I

- Complete the Professional Conduct Inquiry and Candidate Responsibility Statement
- Retain a copy of the completed Registration and Enrollment Form to AIMR
- Mail all correspondence separately from the Registration and Enrollment Form

I have read and understand the policies and procedures.
Please take me to the Enrollment Form for Level I of the CFA Program.

Continue >>

Setting a Higher Standard for Investment Professionals Worldwide ™

AIMR
CFA Program
Online Candidate Registration
Home Help Logout

Exam Information (Level I Enrollment)   Tips for this section
                                                Test Center List

Test Center: Seoul, Korea*   ▼   * Indicates exam will take place on a Sunday

☐ Special Test Center
☐ Disability Accommodations   Print Disability Accommodati
☐ Religious Alternative Date   Print Alternative Date for Exa

Continue >>

Setting a Higher Standard for Investment Professionals Worldwide ™

?2000 Association for Investment Management and Research
By using this web site, you agree to all of AIMR's Terms and Conditions and Privacy Policy.

Seoul.Korea 체크 후 다음 페
이지로. 아래 세 칸은 체크할 필
요가 없다.

입력내용을
확인한 후 다음으로

Professional Conduct Inquiry (Level I Enrollment)

You must answer the following questions by selecting the appropriate boxes. **If you neglect to answer any of questions of the Professional Conduct Inquiry or the Candidate Professional Conduct Statement, your enrollment may be cancelled.** Email all correspondence to pcprogram@aimr.org.

A. ○ Yes ● No   **Expulsion or Suspension:** Within the last five years, have you been, or are you currently, expelled or suspended from membership or participation in, or barred or suspended from being associated with an investment advisor, broker, dealer, bank, municipal securities dealer, government securities broker or dealer, a self-regulatory organization, an exchange, contract market, futures association, or equivalent entity or organization of any of the foregoing, or have you been denied trading privileges on any securities or contract market?

B. ○ Yes ● No   **Caused Suspension, Expulsion, or Order:** Within the last five years, have you by your conduct while associated with any of the entities described in question **A.** above, been found to be a cause of any expulsion, suspension, or order of the character described in question **A.** above?

C. ○ Yes ● No   **Convictions:** Have you ever been convicted of (a) any felony or crime punishable by more than one year in prison or (b) a misdemeanor involving moral turpitude (lying, cheating, stealing, or other dishonest conduct) or any substantially equivalent crime in any court of law? If yes, please provide the date of conviction, indicating whether conviction was for a felony (or equivalent) or misdemeanor, and description of the conduct for which you were convicted. Email this information with your name and Candidate Identification Number to pcprogram@aimr.org or mail it to AIMR Professional Conduct, 560 Ray C. Hunt Dr., Charlottesville, VA 22903, USA.

D. ○ Yes ● No   **Injunctions:** Within the last five years, have you been prevented by any government, self-regulatory organization, contract market, exchange, futures association, or equivalent entity or organization from: (a) acting as an investment advisor, underwriter, broker, dealer, banker, municipal securities dealer, government securities broker or dealer, transfer agent, or person required to be registered under any law or regulation; (b) acting as an affiliated person or employee of any investment company, bank, insurance company, or similar entity required to be registered under any law or regulation; or (c) engaging or continuing any conduct or practice in connection with any such activity or in connection with the purchase or sale of a security?

E. ○ Yes ● No   **Assisting in Violation:** Within the last five years, have you been found by any court, regulatory or self-regulatory agency, contract market, exchange, futures association, or equivalent entity or organization to have violated or aided, abetted, counseled, commanded, induced, or procured the violation by any person of any securities- or commodities-related law or regulation or any rule adopted pursuant to those laws or regulations?

F. ○ Yes ● No   **Litigation or Arbitration:** Within the past five years, have you been a defendant or respondent in any securities- or commodities-related civil litigation or arbitration in which your professional conduct, in either a direct or supervisory capacity, was at issue, which has been disposed of by judgment, award, or settlement for any amount exceeding $20,000 (U.S.)?

G. ○ Yes ● No   **Damage Claims:** Within the past five years, have you been the subject of any claim for damages by a customer, broker, or dealer that was settled for an amount exceeding $20,000 (U.S.)?

H. ○ Yes ● No   **Monetary Fine:** Within the past five years, have you been the subject of any disciplinary action taken by a self-regulatory organization against any member of, or person associated with, such self-regulatory organization involving suspension, termination, the withholding of commissions or imposition of fines in excess of $20,000 (U.S.), or any other significant limitation of activities?

Continue >>

Candidate Responsibility Statement (Level I Enrollment)

I understand, accept, and agree to comply with all conditions, requirements, policies, and procedures for the CFA Program established by the Association for Investment Management and Research, and as amended from time to time. I understand that such conditions, requirements, policies, and procedures include all material set forth in the CFA Registration and Enrollment Package for this year's exam as well as AIMR and its subsidiary organization's Articles of Incorporation and Bylaws, Code of Ethics, Standards of Professional Conduct, Rules of Procedure for Proceedings Related to Professional Conduct, and other conditions, requirements, procedures, and policies which may be established and amended from time to time, information about which is available by contacting AIMR at 1-800-247-8132 or (01) 434-951-5499 or on AIMR's Web site. I understand that AIMR has the authority to enforce its conditions, requirements, policies, and procedures against me and may reject, suspend, or terminate my candidacy at any time or decline to award me the right to use the CFA designation for my failure to satisfactorily meet any such conditions, requirements, policies, and procedures.

I understand that any dispute arising from AIMR's conditions, requirements, policies, and procedures shall be governed in all respects by the law of the Commonwealth of Virginia. The exclusive forum for any such disputes shall be the state and federal courts located in the Commonwealth of Virginia.

I represent that the information contained in my application, including my response to the Professional Conduct Inquiry and Candidate Professional Conduct Statement, is truthful and complete, and I agree to notify AIMR of any material changes to my responses to any of the questions on this form including my current address(es).

☑   **I agree to all terms and conditions above.**

Continue >>

AIMR®
CFA® Program
Online Candidate Registration
Home Help Logout
Use Of Personal Information (Level I Enrollment)   Tips for this section
Please indicate below if you do NOT want certain personal information, such as name and address,
released to various parties including CFA examination preparatory course providers, other related
service providers, or regulatory authorities.

Do not release my name and address to:
개인정보를 제공하는 것을
□   Member Societies and Member Chapters
원치 않는 곳에 체크
□   CFA exam preparatory providers
□   Others that offer financially related services and products
□   Regulatory authorities

Continue >>

Setting a Higher Standard for Investment Professionals Worldwide ™

?2001 Association for Investment Management and Research
By using this web site, you agree to all of AIMR's Terms and Conditions and Privacy Policy.

아무 것도 체크하지 않고
다음으로 넘어간다.

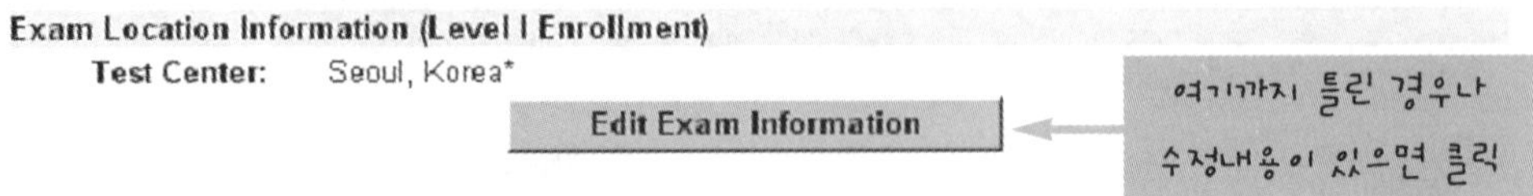

Please review the information below:

Exam Location Information (Level I Enrollment)

Test Center: Seoul, Korea*

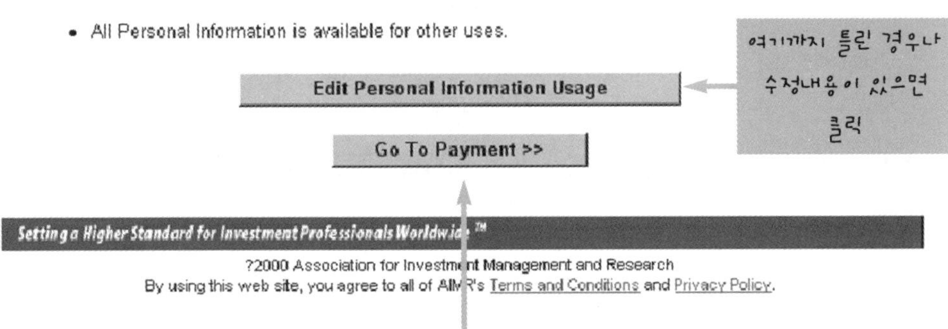

Use Of Personal Information

Do not release my personal information to:

- All Personal Information is available for other uses.

?2000 Association for Investment Management and Research
By using this web site, you agree to all of AIMR's Terms and Conditions and Privacy Policy.

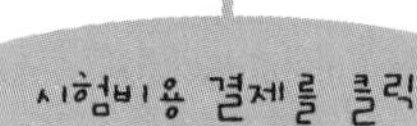

CFA® Program
Online Candidate Registration

To submit your Registration and Enrollment form to AIMR electronically, and for immediate acceptance in the CFA Program, you must pay with a credit card. If you prefer to pay by <u>check</u>, complete the following section, print the transmittal form and mail it to AIMR with your check made payable to AIMR in the appropriate amount and in U.S. funds.

Your Fees

Please refer to the <u>Fee Schedule</u>.

Level I Enrollment	$250.00
Registration Fee	$350.00
Surcharge	$50.00
Total	**$650.00**

Payment by Credit Card

AIMR accepts VISA, MasterCard, American Express, JCB, and DinersClub. AIMR does not accept Discover or debit cards.

Credit Card Type: VISA   ← 카드를 선택

Name (as it appears on the credit card): Gil Dong, Hong   ← 결제할 카드에 있는 이름을 입력

Credit Card Number: 1234567890987654   ← 결제할 카드번호 입력

Expiration Date: August 2005   ← 결제할 카드의 유효기간을 입력

This is a ⊙ Personal ○ Corporate credit card.

결제카드의 개인 또는 법인을 구분

[Continue >>]

You can review your payment information before it is final.

Setting a Higher Standard for Investment Professionals Worldwide ™

?2001 Association for Investment Management and Research
By using this web site, you agree to all of AIMR's <u>Terms and Conditions</u> and <u>Privacy Policy</u>.

입력내용이 맞으면 다음으로. 이후에는 카드결제가 진행되고 Candidate 번호는 반드시 다른 곳에 적어 놓고 온라인 상에서 프린트해 놓는다.

오프라인 응시원서 작성요령

Please answer the following eight questions by marking the appropriate boxes. Failure to answer all eight questions or to sign the Candidate Responsibility Statement will result in possible cancellation.

A. Expulsion or Suspension: Within the last five years have you been, or are you currently, expelled or suspended from membership or participation in, or barred or suspended from being associated with an investment advisor, broker, dealer, bank, municipal securities dealer, government securities broker or dealer, a self-regulatory organization, an exchange, contract market, futures association, or equivalent entity or organization of any of the foregoing, or have you been denied trading privileges on any securities or contract market? ☐ Yes ☒ No

B. Caused Suspension, Expulsion, or Order: Within the last five years, have you by your conduct while associated with any of the entities described in #A above, been found to be a cause of any expulsion, suspension, or order of the character described in #A above? ☐ Yes ☒ No

C. Convictions: Have you ever been convicted of (a) any felony or crime punishable by more than one year in prison or (b) a misdemeanor involving moral turpitude (lying, cheating, stealing, or other dishonest conduct) or any substantially equivalent crime in any court of law? If yes, provide the date of conviction, whether conviction was for a felony (or equivalent) or misdemeanor, and description of the conduct for which you were convicted ☐ Yes ☒ No

D. Injunctions: Within the last five years, have you been prevented by any government, self-regulatory organization, contract market, exchange, futures association, or equivalent entity or organization from: (a) acting as an investment advisor, underwriter, broker, dealer, banker, municipal securities dealer, government securities broker or dealer, transfer agent, or person required to be registered under any law or regulation; (b) acting as an affiliated person or employee of any investment company, bank, insurance company, or similar entity required to be registered under any law or regulation; or (c) engaging or continuing any conduct or practice in connection with any such activity or in connection with the purchase or sale of a security? ☐ Yes ☒ No

E. Assisting in Violation: Within the last five years, have you been found by any court, regulatory or self regulatory agency, contract market, exchange, futures association, or equivalent entity or organization to have violated or aided, abetted, counseled, commanded, induced, or procured the violation by any person of any securities or commodities related law or regulation or any rule adopted pursuant to those laws or regulations? ☐ Yes ☒ No

F. Litigation or Arbitration: Within the past five years, have you been a defendant or respondent in any securities- or commodities-related civil litigation or arbitration in which your professional conduct, in either a direct or supervisory capacity, was at issue, which has been disposed of by judgment, award, or settlement for any amount exceeding US$20,000? ☐ Yes ☒ No

G. Damage Claims: Within the past five years, have you been the subject of any claim for damages by a customer, broker, or dealer that was settled for an amount exceeding US$20,000? ☐ Yes ☒ No

H. Monetary Fines: Within the past five years, have you been the subject of any disciplinary action taken by a self-regulatory organization against any member of, or person associated with, such self-regulatory organization involving suspension, termination, the withholding of commissions or imposition of fines in excess of US$20,000, or any other significant limitation of activities? ☐ Yes ☒ No

CANDIDATE PROFESSIONAL CONDUCT STATEMENT

*(to be completed **only** by previously registered candidates)*

Please answer Questions A and B by marking one of the appropriate boxes. You must mark an affirmative response if either one of the questions applies. Any matter described in Questions A and B must be disclosed, even if the matter is still pending.

Since becoming a candidate in the CFA Study and Examination Program, have you been:

A. The subject of, a defendant to, or respondent in any investigation, civil litigation, arbitration, or other action or proceeding in which your professional conduct, in either a direct or supervisory capacity, was at issue, or

B. The subject of a written complaint regarding your professional conduct in either a direct or supervisory capacity?

☒ No ☐ Yes, matter currently under investigation by AIMR
☐ Yes, not previously disclosed to AIMR
☐ Yes, matter previously investigated by AIMR; review concluded

신규 등록자는 해당사항 없음

I understand, accept, and agree to comply with all conditions, requirements, policies and procedures for the CFA Program established by the Association for Investment Management and Research, and as amended from time to time. I understand that such conditions, requirements, policies and procedures include all material set forth in the CFA Registration and Enrollment Package for this year's exam as well as AIMR and its subsidiary organization's Articles of Incorporation and Bylaws, Code of Ethics, Standards of Professional Conduct, Rules of Procedure for Proceedings Related to Professional Conduct and other conditions, requirements, procedures and policies which may be established and amended from time to time, information about which is available by contacting AIMR at 800-247-8132 or 804-951-5499 (until 14 January 2002, 434 951 5499 beginning 1 June 2001) or on AIMR's Web site. I understand that AIMR has the authority to enforce its conditions, requirements, policies and procedures against me and may reject, suspend, or terminate my candidacy at any time or decline to award me the right to use the CFA designation for my failure to satisfactorily meet any such conditions, requirements, policy and procedures.

I understand that any dispute arising from AIMR's conditions, requirements, policies and procedures shall be governed in all respects by the law of the Commonwealth of Virginia. The exclusive forum for any such disputes shall be the state and federal courts located in the Commonwealth of Virginia.

I represent that the information contained in my application, including my response to the Professional Conduct Inquiry and Candidate Professional Conduct Statement, is truthful and complete, and I agree to notify AIMR of any material changes to my responses to any of the questions on this form including my current address(es).

Do not release my personal information to:
☐ Member Societies and Member Chapters
☐ Exam preparatory course providers
☐ Others that offer financially related services and products
☐ Regulatory authorities for the purpose of obtaining exemption from various regulatory examinations

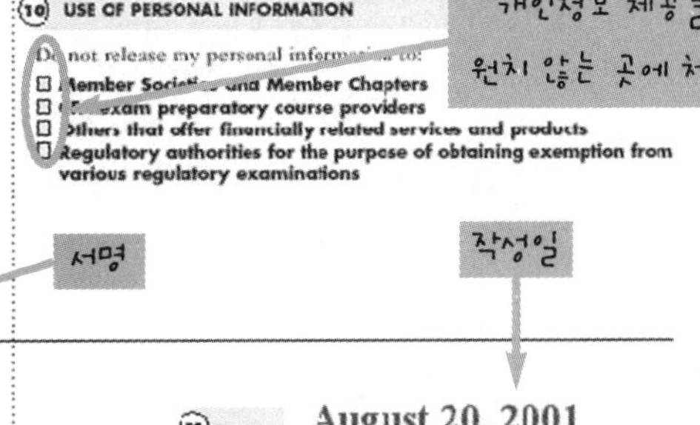

서명

작성일

⑪ SIGNATURE X   *Hong, Gil Dong*

PRINT NAME   **Hong, Gil Dong**

⑪ DATE   **August 20, 2001**

PLEASE REVIEW THIS FORM TO MAKE SURE ALL INFORMATION IS COMPLETE

4 시험응시비용

CFA시험에 응시하기 위해서는 등록비용과 응시비용을 수험자가 부담하여야 한다. 등록비용(Registration Fee)은 CFA시험에 처음 응시하는 사람만 해당되는 것으로 한번 납부하게 되면 7년(최장 유효기간) 동안 다시 낼 필요가 없다.

예를 들면 처음 CFA시험에 응시할 경우 시험비용은 2003년 9월 15일까지 원서를 접수할 경우 등록비용 250달러와 응시비용 350달러를 합하여 600달러를 지불하면 된다.

또한 접수시기에 따라 등록비용이 달라지는 것에 유의해야 한다. 앞서 말한 9월 15일까지의 시험비용은 총 600달러지만 이후부터 12월 15일까지 접수를 할 경우에는 등록비용 375달러와 응시비용 425달러를 합한 800달러로 9월 15일까지 원서접수를 했을 때보다 200달러의 시험비용을 더 부담하게 된다.

응시비용(Enrollment Fee)은 Level Ⅰ, Ⅱ, Ⅲ 시험에 응시할 때마다 각각 납부하여야 하며, 등록비용과 응시비용은 AIMR에서 지정한 등록일정에 따라 원서를 일찍 제출할수록 비용이 저렴하기 때문에 원서제출시기를 잘 선택하여야 한다.

예를 들면 Level Ⅰ을 합격한 후 Level Ⅱ에 응시할 경우나 Level Ⅰ, Ⅱ를 응시하고 난 후 불합격하여 재응시할 경우 9월 15일까지 원서가 도착하면 응시비용 350달러의 시험비용을 지급하면 된다.

그러나 등록비용의 경우 시험등록 후 3년간 Level Ⅰ 시험에 응시하지 않을 경우와, 최장 유효기간인 7년 동안 최종적으로 3차

2004년 CFA 시험등록 및 응시비용

구 분	~2003년 9월15일	~2003년 12월15일	~2004년 3월15일
등록비(Registration Fee)	$250	$375	$450
응시비용(Enrollment Fee)	$350	$425	$650
총비용(Total Fee)	$600	$800	$1,100

* 6월 시험 기준

시험에 합격하지 못하면 재등록(Reregistration)해야 한다.

예를 들면 2000년에 Level Ⅰ 응시 후 여러가지 이유로 인해 시험에 응시하지 않고, 다시 2004년에 시험에 응시할 경우, 등록 비용과 응시비용을 함께 지불해야 한다는 것이다.

5 시험에 필요한 교재(Text Book)

CFA시험 주관기관인 AIMR에서 매년 9월경에 발표되는 차기년도 각 Level별 〈Study Guide〉에서는 수험내용에 대한 LOS(Learning Outcome Statements)를 공지한다.

따라서 매년 9월에 발표되는 LOS에 의해 차기년도 수험내용 의 변경사항을 알 수 있는데, 시험범위는 매년 15% 내외로 변경 되기 때문에 대체로 전년도와 비교해 큰 변화는 없다.

그렇다고 마음놓고 있을 수도 없는데, 2003년 시험에서 Level Ⅱ의 경우 〈주식분석〉 부분에서 상당히 많은 변화가 있었다. 그

외의 부분은 2002년에 비해 조금씩 변경되었으며, Level Ⅰ의 경우 2002년과 2003년 LOS에 큰 변화가 없었다. AIMR에서 지정된 교재(Text Book)의 시험범위는 교재 한 권 전체를 지정하는 것이 아니라 한 권 속에서도 5~10개의 Chapter가 시험범위에 해당된다.

AIMR에서 지정한 기본교재는 Level Ⅰ의 경우만 해도 10권이 넘는다. 이러한 교재를 AIMR을 통해 전부 구입할 경우 운송비를 포함하여 700달러, 즉 한화(1달러 1,300원 가정)로는 91만원을 상회한다. 대개의 경우 교재의 비용도 비용이려니와 그 양에 압도되어 처음부터 상당한 부담을 갖는 게 사실이다. 그러나 Level Ⅰ의 경우에는 LOS 중심으로 기본교재를 요약한 《Schweser》, 《Stalla》, 《Allen Resources》 등의 요약서를 잘 활용한다면 합격하는 데 크게 어렵지 않을 것이다.

이러한 요약서는 Text Book 전체 시험범위를 LOS의 기준에 맞추어 놓아 CFA시험을 준비하는 데 효과적으로 시간을 줄일 수 있을 뿐만 아니라 고득점을 할 수 있도록 체계적으로 잘 구성되어 있다.

그러나 Level Ⅱ, Ⅲ로 올라갈수록 요약서와 기본 Text Book을 함께 병행하여야 한다. Level이 올라갈수록 공부량과 난이도가 높아지기 때문이다. 따라서 반드시 Text Book을 구입하여 시중에 나와 있는 요약서와 병행하여 준비해야 한다.

(1) 《Schweser》《Stalla》《Allen Resources》 등 요약서의 특징
《Schweser》 교재는 전체적인 내용구성 면에서 LOS(Learning

Outcome Statements)에 따라 핵심적으로 내용이 축약되어 있다. 따라서 전공자에게는 유리하지만 내용의 축약으로 인해 비전공자들이 공부하기에는 초기에 약간 어려움을 느낄 수 있다.

《Stalla》 교재는 전체적인 내용구성 면에서 LOS(Learning Outcome Statements)에 따라 내용이 아주 상세하게 설명되어 있어, 비전공자나 대학을 졸업한 지 오래된 전공자에게 유리하다. 그러나 전공자에겐 전체적으로 읽을 분량이 많다는 느낌이 들 정도이므로 시간적인 여유를 갖고 기초를 차근차근 닦으며 공부하기에 적당한 교재이다.

《Allen Resources》 교재는 전체적인 내용구성 면에서는 LOS(Learning Outcome Statements)에 따라 내용이 상세하게 설명되어 있어 비전공자나 대학을 졸업한 지 오래된 전공자에게 유리한 교재이며, 고객에 대한 애프터서비스가 상당히 좋은 편이다. 즉 시험 당해년도에 시험이 끝난 후 교재를 구입할 때는 차기년도 교재를 무료로 배송하며, 주기적으로 시험자료 등 유용한 자료들을 메일로 보내준다.

위의 세 가지 요약서는 모두 전세계적으로 가장 유명한 CFA 수험용 요약서이다. 어느 교재를 선정하여도 CFA 수험준비에는 전혀 문제가 없다고 할 수 있다.

따라서 본인의 능력과 전공, 취향에 따라 교재를 선택하는 것이 중요하며, 옆의 수험생이 어떤 교재를 선택한다고 따라 선택하는 것은 바람직하지 않다. 중도에 포기하지 않고 끝까지 밀고 나가 자격증 획득의 기쁨을 맛보겠다는 목표와 의지가 더 중요하다는 것은 두말할 나위가 없을 것이다.

(2) 2004 CFA Study and Examination Program Textbooks

Level [

- 2004 CFA Level [Candidate Readings(AIMR, 2003)
- Standards of Practice Handbook, 8th edition(AIMR, 1999)
- Quantitative Methods for Investment Analysis, Richard A. DeFusco, Dennis W. McLeavey, Jerald E. Pinto, and David E. Runkle(AIMR, 2001)
- Economics: Private and Public Choice, 10th edition, James D. Gwartney, Richard L. Stroup, Russell S. Sobel and David A. Macpherson(South-Western, 2003)
- Fundamentals of Financial Management, 8th edition, Eugene F. Brigham and Joel F. Houston(Dryden, 1998)
- International Investments, 5th edition, Bruno Solnik and Dennis McLeavey(Addison Wesley, 2003)
- The Analysis and Use of Financial Statements, 3rd edition, Gerald I. White, Ashwinpaul C. Sondhi, and Dov Fried(Wiley, 2003)
- Investment Analysis and Portfolio Management, 7th edition, Frank K. Reilly and Keith C. Brown(South-Western, 2003)
- Fixed Income Analysis for the Chartered Financial Analyst® Program, Frank J. Fabozzi(Frank J. Fabozzi

Associates, 2000)

· Analysis of Derivatives for the CFA® Program, Don Chance(AIMR, 2003)

Level Ⅱ

· 2004 CFA Level Ⅱ Candidate Readings(AIMR, 2003)

· Standards of Practice Handbook, 8th edition(AIMR, 1999)

· Standards of Practice Casebook(AIMR, 1996)

· Quantitative Methods for Investment Analysis, Richard A. DeFusco, Dennis W. McLeavey, Jerald E. Pinto, and David E. Runkle(AIMR, 2001)

· International Investments, 5th edition, Bruno Solnik and Dennis W. McLeavey(Addison Wesley, 2003)

· The Analysis and Use of Financial Statements, 2nd edition, Gerald I. White, Ashwinpaul C. Sondhi, and Dov Fried(Wiley, 1998)

· Financial Shenanigans, 2nd edition, Howard Schilit(McGraw-Hill, 2002)

· Investment Analysis and Portfolio Management, 6th edition, Frank K. Reilly and Keith C. Brown(Dryden, 2000)

· Fundamentals of Financial Management, 8th edition, Eugene F. Brigham and Joel F. Houston(Dryden, 1998)

- Analysis of Equity Investments: Valuation, John D. Stowe, Thomas R. Robinson, Jerald E. Pinto, and Dennis W. McLeavey(AIMR, 2002)
- Company Performance and Measures of Value Added, Pamela P. Peterson and David R. Peterson(Research Foundation of the ICFA, 1997)
- Fixed Income Analysis for the Chartered Financial Analyst® Program, Frank J. Fabozzi(Frank J. Fabozzi Associates, 2000)
- Analysis of Derivatives for the CFA® Program, Don Chance(AIMR, 2003)

Level Ⅲ

- 2004 CFA Level Ⅲ Candidate Readings(AIMR, 2003)
- Standards of Practice Handbook, 8th edition(AIMR, 1999)
- Standards of Practice Casebook(AIMR, 1996)
- Quantitative Methods for Investment Analysis, Richard A. DeFusco, Dennis W. McLeavey, Jerald E. Pinto, and David E. Runkle(AIMR, 2001)
- Irrational Exuberance, Robert J. Shiller(Broadway Books, 2000)
- International Investments, 5th edition, Bruno Solnik and Dennis McLeavey(Addison Wesley, 2003)

· Fixed Income Readings for the Chartered Financial Analyst® Program, Frank J. Fabozzi(Frank J. Fabozzi Associates, 2000)

· The Psychology of Investing, John R. Nofsinger (Prentice Hall, 2002)

· Analysis of Derivatices fo the CFA® Program, Don Chance(AIMR, 2003)

2004 CFA Level I Study Guide Outline

Study Session	Topic	Readings
1	Ethical and Professional Standards	Standards of Practice Handbook, 8th edition 2004 CFA LevelI Candidate Readings: Global Investment Performance Standards-LevelI Workbook Global Investment Performance Standards
2~3	Quantitative Methods	Quantitative Methods for Investment Analysis(DeFusco, McLeavey, Pinto & Runkle) Ch. 1, 3-8
4~6	Economics	Economics: Private and Public Choice, 10th ed. (Gwartney, Stroup, Sobel & Macpherson), Ch. 8, 12-15, 17, 19-24, Special Topic 7 Fundamentals of Financial Management, 8th ed.(Brigham&Houston), Ch. 4 International Investments, 5th ed.(Solnik&McLeavey), Ch. 1, 2
7~10	Financial Statement Analysis	The Analysis and Use of Financial Statements, 3rd ed. (White, Sondhi & Fried), Ch. 2, 3, 6-11 Investment Analysis and Portfolio Management, 7th ed. (Reilly & Brown), Ch. 10 2004 CFA LevelI Candidate Readings: Kieso & Weygandt; Schilit (2 chapters)
11	Corporate Finance	Fundamentals of Financial Management, 8th ed. (Brigham & Houston), Ch. 1, 9-14 Quantitative Methods for Investment Analysis (DeFusco, McLeavey, Pinto & Runkle) Ch. 2

Study Session	Topic	Readings
12	Portfolio Management	Investment Analysis and Portfolio Management, 7th ed. (Reilly & Brown), Ch. 1, 2, 7, 8
13	Securities Markets	Investment Analysis and Portfolio Management, 7th ed. (Reilly & Brown), Ch. 4-6
14	Equity Instruments	Investment Analysis and Portfolio Management, 7th ed. (Reilly & Brown), Ch. 11, 13-16 Quantitative Methods for Investment Analysis (DeFusco, McLeavey, Pinto & Runkle) Ch. 2 2004 CFA LevelI Candidate Readings: Stowe, Robinson, Pinto & McLeavey
15~16	Debt Investments	Fixed Income Analysis for the Chartered Financial Analyst$^{®}$ Program (Fabozzi), LevelI Ch. 1-7 Investment Analysis and Portfolio Management, 7th ed. (Reilly & Brown), Ch. 18 Quantitative Methods for Investment Analysis (DeFusco, McLeavey, Pinto & Runkle) Ch. 2 2004 CFA LevelI Candidate Readings: Fabozzi
17	Derivative Investments	Analysis of Derivatives for the CFA$^{®}$ Program, (Chance), Ch. 1-5, 7
18	Alternative Investments	Internatinal Investments, 5th ed. (Solnik & McLeavey), Ch. 8
	Study Review	Sample Examination Questions and Guideline Answers

2004 CFA Level II Study Guide Outline

Study Session	Topic	Readings
1~2	Ethical and Professional Standards	Standards of Practice Handbook, 8th ed. Standards of Practice Casebook(Introduction plus three cases) 2004 CFA Level II Candidate Readings: Train & Melfe; Four articles from Standards Reporter
3	Quantitative Methods	Quantitative Methods for Investment Analysis (DeFusco, McLeavey, Pinto & Runkle) Ch. 7-9
4	Economics	Intenational Investments, 5th ed. (Solnik & McLeavey), Ch. 2, 4 2004 CFA Level II Candidate Readings: Dornbusch, Fischer & Startz (2 chapters); Gwartney, Stroup, Sobel & Macpherson (3 special topics); Benninga & Sarig
5~7	Financial Statement Analysis	The Analysis and Use of Financial Statements, 2nd ed. (White, Sondhi, & Fried), Ch. 2, 6, 8-12, 15, 17 Financial Shenanigans (Schilit), Ch. 2, 3, 7, 8, 12 Investment Analysis and Portfolio Management, 6th ed. (Reilly & Brown), Ch. 12 2004 CFA Level II Candidate Readings: White, Sondhi & Fried (2 chapters); Robinson & Munter; Hawkins (2)
8~9	Corporate Finance	Fundamentals of Financial Management, 8th ed. (Brigham & Houston), Ch. 9-14 2004 CFA Level II Candidate Readings: Brealey & Meyers (4 chapters)

Study Session	Topic	Readings
10	Basic Valuation Concepts	Analysis of Equity Investments: Valuation (Stowe, Robinson, Pinto & McLeavey), Foreword, Ch. 1 International Investments, 5th ed. (Solnik & McLeavey), Ch. 5, 6 2004 CFA Level Ⅱ Candidate Readings: Copeland, Koller & Murrin (2 chapters)
11~13	Equity Investments	Analysis of Equity Investments: Valuation (Sotwe, Robinson, Pinto & McLeavey), Ch. 2-5 Company Performance and Measures of Value Added (Peterson & Peterson) 2004 CFA Level Ⅱ Candidate Readings: Porter; Hooke; McLennan, Ma, Spence & Krause; Dinwoodie; Bernstein & Pigler; Bernstein, Bayer & Pigler
14~15	Debt Investments	Fixed Income Analysis for the Chartered Financial Analyst® Program (Fabozzi), LevelⅠ, Ch. 7 ; Level Ⅱ, Ch. 1-5, 9 2004 CFA Level Ⅱ Candidate Readings: Fabozzi
16~17	Derivative Investments	Analysis of Derivatives for the CFA® Program (Chance), Ch. 2-5 Fixed Income Analysis for the Chartered Financial Analyst® Program (Fabozzi), Level Ⅱ, Ch. 7 Investment Analysis and Portfolio Management, 6th ed. (Reilly & Brown), Ch. 25

Study Session	Topic	Readings
18	Portfolio Management	Investment Analysis and Portfolio Management, 6th ed. (Reilly & Brown), Ch.8-10 2004 CFA Level Ⅱ Candidate Readings: Bodie, Kane & Marcus
	Study Review	Essay Questions and Guideline Answers (2001, 2002, and 2003)

2004 CFA Level Ⅲ Study Guide Outline

Study Session	Topic	Readings
1~2	Ethical and Professional Standards	Standards of Practice Handbook, 8th ed. Standards of Practice Casebook (Introduction plus four cases) 2004 CFA Level Ⅲ Candidate Readings: Article from Standards Reporter
3	Quantitative Methods for Portfolio Management	Quantitative Methods for Investment Analysis (DeFusco, McLeavey, Pinto & Runkle) Ch. 9-11
4	Economics for Portfolio Management	Irrational Exuberance (Shiller), Ch. 1-3, 7, 11 2004 CFA Level Ⅲ Candidate Readings: Shenfeld; Hopper; Siegel (2 chapters)
5	Market Indexes and Global Equity Investments	International Investments, 5th ed. (Solnik & McLeavey), Ch. 9 2004 CFA Level Ⅲ Candidate Readings: Reilly & Brown; Hooke (2 chapters)
6~7	Debt Investments	Fixed Income Readings for the Chartered Financial Analyst® Program (Fabozzi, ed.), Ch. 1-6 2004 CFA Level Ⅲ Candidate Readings: Fabozzi
8	Alternative Investments	2004 CFA Level Ⅲ Candidate Readings: Pagliari (2 chapters); Prowse; Pratt, Reilly & Schweihs (2 chapters); Purcell & Crowley; Jacobs; Steyn; Anson; Anson (2 chapters)

Study Session	Topic	Readings
9~18	Portfolio Management	Level Ⅲ Exams and Guideline Answers, 2001, 2002, and 2003 The Psychology of Investing (Nofsinger), Ch. 1-5, 7 Fixed Income Readings for the Chartered Financial Analyst® Program (Fabozzi, ed.), Ch. 7, 8 Analysis of Derivatives for the CFA® Program (Chance), Ch. 6-9 International Investments, 5th ed. (Solnik & McLeavey), Ch. 11-13 2004 CFA Level Ⅲ Candidate Readings: Maginn, Tuttle, McLeavey & Pinto; Bronson, Scanlan & Squires; Statman; Tschampion, Siegel, Takahashi & Maginn; Sharpe; Perold & Sharpe; Solnik; Arnott & Lovell; Horvitz; Christopherson & Williams; Hill; Sauter; Loftus; Wagner & Edwards; Olson; Culp, Miller & Neves; Dowd (3 chapters); McCarthy; Reilly & Brown; Dor & Jagannathan; Bailey, Richards & Tierney; Belden & Waring; GIPS Handbook; Global Investment Performance Standards-Level Ⅲ Workbook
	Study Review	Essay Questions and Guideline Answers (2001, 2002, and 2003)

6 시험일정 및 장소

CFA시험은 미국 기준으로 매년 6월 첫째 주 토요일에 실시되며(Level I 은 2003년부터 12월에도 시험실시), 아시아 및 오세아니아 지역에서는 시차관계로 6월 첫째 일요일에 실시된다.

2004년 CFA시험은 우리나라 기준으로 2004년 6월 6일(일)에 실시되며, 시험장소는 매년 AIMR에서 지정한 장소에서 이루어진다. 우리나라에서는 지난 2000년 6월 3일 KOEX(무역전시관)에서 실시된 CFA시험은 2,000여 명의 전체 시험 응시자들이 한 장소에 모여 장관을 이룬 적이 있다. 또한 2003년 6월 1일 실시된 CFA시험은 고려대학교에서 5,000여 명이 지원한 가운데 실시되었다.

이러한 시험장소는 매년 4월경(Level I 12월 시험은 11월경) 시험 응시자에게 개별적으로 메일이나 우편으로 통해 발표된다. 또한 업무상 출장, 학업, 이민 등의 개인적인 사정으로 인해 이미 지정한 시험장소에서 시험을 볼 수 없을 경우 Test Center에 대한 장소변경이 가능하다. 시험장소변경은 2004년 CFA시험의 경우 반드시 시험일 60일 전까지 해야만 가능하다. 그 이후로는 장소변경이 불가능하기 때문에 그 기간을 놓쳐 변경의사를 전달하지 못했을 때는 애써 준비한 1년이 헛수고가 된다. 따라서 변동사항이 있을 시는 장소변경 마감시간에 유의하여야 한다.

CFA 시험시간은 09:00~12:00까지 오전 3시간과, 14:00~17:00까지 오후 3시간으로 구성되어 총 6시간 동안 시험을 보게 된다. Level I 의 경우 총 240문제가 출제되는데, 총 시간이 6시간임을 감안하면 1문제당 1분30초 안에 문제를 풀어야 한다는 계산이 나온다. 영어로 된 시험을 1문제당 1분30초에 푼다는 것은 영어시험에 적응하지 못한 응시자들에게는 상당한 부담이 될 수 있다. 그러므로 시험 당일 문제를 풀어가면서 시간의 조절과 분배에 매우 신경을 써야 한다.

또한 유의할 점은 시험을 보는 시간 동안에는 별도의 휴식시간이 없다는 것이다. 그렇다고 전혀 화장실에 갈 수 없는 것은 아니다. 화장실에 갈 때는 시험감독관(Proctor)에게 용무를 얘기하면 허락을 받을 수 있다.

한꺼번에 3시간을 계속 시험본다는 것이 굉장히 길게 느껴질 것 같지만 실제 시험을 치르다 보면 언제 시간이 다 가버렸는지 모를 정도라고 한다. 오히려 정해진 3시간이 부족하여 문제를 제시간에 다 풀지 못하는 안타까운 일이 벌어지기도 한다.

7 시험준비물 및 계산기 관련정책(Calculator Policy)

CFA 시험장에 들어가기 위해서는 수험표(Admission Tickets)와 주민등록증, 운전면허증, 여권 등의 신분증을 반드시 지참해야 한다. 수험표와 본인을 확인하기 위한 신분증을 지참하지 않았을 때는 시험에 응시할 수 없기 때문에 수험표와 신분증을 챙기지 않아 시험을 못 보는 실수는 범하지 말아야 한다.

2001년부터는 AIMR에서 보내는 우편발송과 AIMR 홈페이지를 통해 수험표를 다운받을 수 있다. AIMR 홈페이지를 통해 수험표를 받을 경우에는 홈페이지(www.aimr.org)에서

'Candidate Services'를 선택하고 'Candidate Number' 등 몇 가지 인적사항을 입력하고 나면 홈페이지 회원으로 가입되는데, 회원가입이 되면 누구나 'Admission Tickets'을 다운받을 수 있다.

CFA 시험장에는 따로 필기구가 준비되어 있지 않으므로 연필(No.2, HB), 흑색·청색 볼펜, 지우개 등을 준비하여 입실하여야 한다. 단, 수정액은 사용할 수 없음에 유의해야 한다.

AIMR에서 발표한 계산기 규정에 의하면 2004년 6월 6일(일) 시험 당일 사용할 수 있는 계산기는 단 2가지 기종으로 제한하고 있다. Texas Instrument사의 'BA Ⅱ Plus'와 Hewlett Packard사의 'HP12C'가 그 두 가지이다. 즉, 두 기종 이외의 일반 계산기나 공학용 계산기는 시험장에서 사용할 수 없다. 시험시작 전에 시험감독관이 계산기를 엄격히 확인하는 절차가 있으므로 간과해서는 안 된다.

일반적으로 많은 수험생들이 CFA 시험용 계산기로 Texas Instrument의 'BA Ⅱ Plus' 계산기를 사용한다. 이 기종은 사용이 편리하고 계산이 빠르며, 비교적 가격이 저렴한 장점이 있기 때문이다. 시험장에 들어가기 전에는 계산기의 건전지를 반드시 교환하여 시험중 계산기가 멈추는 당황스런 상황을 만들지 않도록 세심하게 준비해야 한다.

이와 같은 AIMR의 계산기 정책은 2001년에 처음 실시되었으며, 2003년 시험에도 그대로 적용되기 때문에 앞으로 또다른 계산기 정책의 변화는 없을 것으로 보인다. 국내에서 계산기를 구입할 경우에는 Finance Book(주)(www.fufi.co.kr,

TEL:(02)395-6924)에서 구입할 수 있다.

8 합격기준 및 합격자발표

CFA시험 합격률은 각 Level별로 약간의 차이가 있다. 2003년 국내 합격률의 경우 Level I 은 33%, Level II 는 34%, Level III 는 58%로 발표되었다.

합격률이 이렇게 Level별로 차이가 나는 이유는 CFA시험이 가지는 독특한 채점기준에서 비롯된다. CFA시험의 합격기준은 상대평가와 절대평가를 혼용한 방법으로 결정되는데, 합격기준점은 응시자의 답안채점 결과 상위 1%에 해당하는 응시자의 평균점수를 먼저 산정하게 된다. 이렇게 산정한 응시자 상위 1%의 평균점수를 기준으로 그 평균점수의 70%에 해당하는 점수가 그 해 CFA시험의 합격기준점으로 결정된다.

예를 들면 100점 만점을 기준으로 응시자의 상위 1%가 평균 90점을 맞았다면, 90 × 0.7(70%) = 63점이 합격기준점이 되며, 상위 1%의 점수가 88점이라면 88 × 0.7(70%) = 61.6점이 합격기준점이 된다. 즉, 합격기준점이 61.6점이라면 61.6점 이상의 점수를 취득한 응시자는 CFA시험에 합격되고, 그 점수 이하의 응시자는 불합격 처리된다.

이러한 독특한 채점방식은 당해년도 시험 응시자의 상위 1%의 평균점수가 합격권을 결정하는 중요한 변수로 작용한다.

합격자 발표는 'Pass or Fail'의 형태로 응시일로부터 90일 이내에 발표된다. 따라서 늦어도 매년 9월 중순까지는 응시결과가 나오게 되는데, 합격 여부는 합격자에게 개별 통보된다.

요즘은 대부분의 응시자들이 AIMR 홈페이지를 통해 합격자 발표를 확인하고 있다. AIMR 홈페이지를 통한 온라인 합격자 발표는 Level Ⅰ의 경우에는 7월 중순경에 확인할 수 있으며 Level Ⅱ, Ⅲ의 경우에는 8월 중순경에 온라인을 통해 발표한다.

2003년 CFA시험의 경우 AIMR 홈페이지에 제공된 온라인상 합격자 발표는 Level Ⅰ이 7월 16일, Level Ⅱ, Ⅲ가 8월 12일 발표되었다. 이렇게 온라인상으로 합격자를 확인하는 방법은 AIMR(www.aimr.org) 사이트에서 'Candidate Services'로 들어간 후 먼저 등록(User name, Password 등록)을 해야 한다. 이때 본인의 'Candidate Number'를 입력한다.

만약 ID를 분실했을 경우 'info@aimr.org'에 메일을 보내면 본인의 'Candidate Number'를 받을 수 있다.

이제 'Candidate Services'에서 등록을 하면 등록시 기재했던 이메일을 통해 AIMR에서 메일이 올 것이다. 그리고 이메일에 링크되어 있는 주소를 클릭하고 'User Name'과 'Password'를 입력하면 "Get My Exam Result"라는 글자가 나오는데, 이것을 클릭하면 합격결과를 확인할 수 있다.

<h2 style="text-align:center">연도별 CFA 자격소지자 현황</h2>

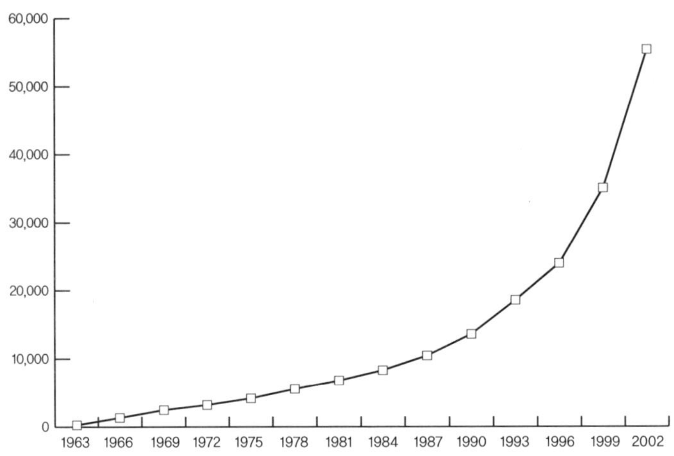

연도	Charters	연도	Charters
1963	268명	1984	8,306명
1966	1,339명	1987	10,464명
1969	2,481명	1990	13,618명
1972	3,219명	1993	18,587명
1975	4,187명	1996	23,990명
1978	5,572명	1999	35,071명
1981	6,789명	2000	40,883명
1982	7,258명	2001	49,266명
1983	7,650명	2002	55,400명

자료출처 : AIMR 2003년 10월

2003년 CFA 시험결과

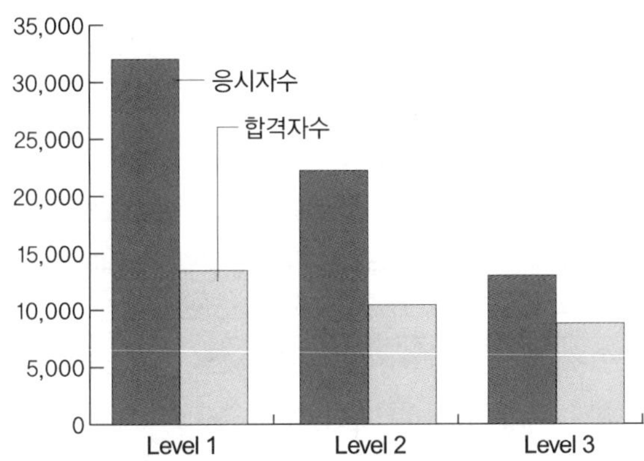

시험구분	응시자 수	합격자 수	전체합격률	국내합격률
Level Ⅰ	32,027명	13,478명	42%	33%
Level Ⅱ	22,232명	10,432명	47%	34%
Level Ⅲ	13,020명	8,816명	68%	58%

CFA 합격률

구분	Level Ⅰ	Level Ⅱ	Level Ⅲ
Level별 최근 10년 동안 합격률	48~62%	46~65%	59~82%
1963년 이후 평균합격률	57%	60%	68%
2003년 각 Level별 합격률	42%	47%	68%

자료출처 : AIMR 2003년 10월

연도별 CFA 응시자 및 합격자 현황(1963~2002년까지)

ALL CFA CANDIDATES		Level I				Level II				Level III			
Year	Total	% Pass	Total	Pass	Fail	% Pass	Total	Pass	Fail	% Pass	Total	Pass	Fail	% Pass
1963	284	94%	—	—	—	—	—	—	—	—	284	268	16	94%
1964	1,732	84%	1,241	986	255	79%	302	283	19	94%	189	179	10	95%
1965	1,993	83%	767	649	118	85%	865	678	187	78%	361	329	32	91%
1966	2,010	75%	621	481	140	77%	708	469	239	66%	681	563	118	83%
1967	1,693	83%	594	423	171	71%	556	496	60	89%	543	491	52	90%
1968	1,579	73%	592	412	180	70%	447	334	113	75%	540	414	126	77%
1969	1,316	74%	556	409	147	74%	413	322	91	78%	347	237	110	68%
1970	1,409	67%	644	424	220	66%	372	285	87	77%	393	238	155	61%
1971	1,458	69%	755	464	291	61%	341	253	88	74%	362	288	74	80%
1972	1,486	70%	731	466	265	64%	461	354	107	77%	294	214	80	73%
1973	1,630	60%	721	432	289	60%	565	324	241	57%	344	222	122	65%
1974	1,797	74%	862	604	258	70%	511	377	134	74%	424	355	69	84%
1975	1,841	75%	808	568	240	70%	563	421	142	75%	470	393	77	84%
1976	1,706	76%	634	457	177	72%	641	477	164	74%	431	363	68	84%
1977	1,993	74%	667	421	246	63%	632	510	122	81%	694	540	154	78%
1978	2,008	73%	925	596	329	64%	444	379	65	85%	639	481	158	75%
1979	1,876	76%	824	522	302	63%	550	460	90	84%	502	441	61	88%
1980	1,985	73%	949	602	347	63%	528	407	121	77%	508	437	71	86%
1981	2,253	71%	1,107	677	430	61%	684	580	104	85%	462	340	122	74%
1982	2,886	64%	1,532	903	629	59%	714	489	225	68%	640	469	171	73%
1983	3,243	65%	1,655	1,082	573	65%	978	637	341	65%	610	392	218	64%

ALL CFA CANDIDATES			Level I				Level II				Level III			
Year	Total	% Pass	Total	Pass	Fail	% Pass	Total	Pass	Fail	% Pass	Total	Pass	Fail	% Pass
1984	4,030	63%	2,075	1,199	876	58%	1,147	701	446	61%	808	658	150	81%
1985	4,285	67%	2,186	1,317	869	60%	1,309	965	344	74%	790	579	211	73%
1986	4,837	65%	2,336	1,405	961	59%	1,379	884	495	64%	1,092	845	247	77%
1987	5,702	62%	3,095	1,782	1,313	58%	1,555	995	560	64%	1,052	755	297	72%
1988	7,091	60%	3,927	2,174	1,753	55%	1,946	1,163	783	60%	1,218	864	354	71%
1989	8,064	62%	4,149	2,237	1,912	54%	2,484	1,590	894	64%	1,431	1,133	298	79%
1990	8,760	64%	4,415	2,658	1,757	60%	2,522	1,594	928	63%	1,823	1,360	463	75%
1991	9,868	62%	4,950	3,087	1,863	62%	3,022	1,618	1,384	54%	1,916	1,436	480	75%
1992	10,518	65%	5,002	2,928	2,074	59%	3,503	2,258	1,245	64%	2,013	1,658	355	82%
1993	12,809	59%	6,588	3,616	2,972	55%	3,679	2,061	1,618	56%	2,542	1,936	606	76%
1994	15,413	52%	8,445	4,087	4,358	48%	4,418	2,109	2,309	48%	2,550	1,859	691	73%
1995	19,516	52%	11,340	5,692	5,648	50%	5,518	2,535	2,983	46%	2,658	1,860	698	70%
1996	24,600	58%	14,381	7,699	6,712	53%	7,098	4,596	2,502	65%	3,121	2,001	1,120	64%
1997	30,042	55%	16,833	8,847	7,986	53%	8,493	5,010	3,483	59%	5,316	3,119	2,197	59%
1998	38,689	60%	21,743	12,854	8,889	59%	10,295	6,432	3,863	62%	6,650	3,894	2,756	59%
1999	45,143	60%	23,199	14,757	8,442	64%	13,496	7,329	6,167	54%	8,448	5,015	3,433	59%
2000	53,345	55%	27,625	14,314	13,311	52%	16,036	8,636	7,400	54%	9,684	6,274	3,410	65%
2001	65,707	54%	36,317	17,726	18,591	49%	17,897	8,322	9,575	46%	11,493	9,410	2,083	82%
2002	76,231	47%	43,882	19,106	24,776	44%	22,163	10,418	11,745	47%	10,186	5,924	4,262	58%
1963-2002	483,429	57%	259,705	139,050	120,655	54%	139,215	77,753	61,462	56%	84,509	58,233	26,276	69%

9 실무경력(Work Experience)

CFA시험은 이미 앞에서도 언급했듯이 자산운용 및 투자 분석에 관한 전문가들의 욕구와 실무지식을 충분히 습득할 수 있도록 하는 데 초점을 맞추고 있는 시험프로그램으로, 엄격한 커리큘럼과 최소 3년이 소요되는 시험과정으로 전문적인 경력 발전에 명확한 목표를 두고 있다.

3단계의 CFA시험을 전부 통과하였다고 해도 바로 Charter가 나오는 것은 아니다. CFA자격을 얻기 위해서는 3년간의 실무경력이 필요하다. 이것은 CFA가 다른 자격증과 차별화된 가장 큰 요소이다. 3년간의 실무경력을 충족하지 못하였을 경우에는 Level Ⅲ까지 통과하였더라도 Charter가 부여되지 않는다.

그러나 Level Ⅲ까지 통과했는데 실무경력이 없다고 하여 걱정할 필요는 없다. 합격 후부터 3년간 실무경력을 쌓고 난 후 Charter를 신청하면 되기 때문이다. 특히 대학생이나 대학원생일 경우 Level Ⅰ, Ⅱ를 통과한 후 실무경력이 인정되는 금융기관이나 기업체에 취업하여 실무경력을 쌓으면 된다.

AIMR에서 규정하고 있는 실무경력(Work Experience) 분야는 투자의사결정에 관한 영역으로 재무부문, 경제 및 통계자료에 대한 수집·분석 및 평가의 업무 분야가 그것이다. 즉 이러한 업무를 실무에서 직·간접으로 활동하고 있거나 감독·교육하는 업무를 통칭하는 것이다.

AIMR에서 규정하고 있는 투자의사결정에 관한 분야는 전문적인 재무분석, 증권분석과 같은 전문활동을 말한다. 또한 AIMR에서는 이러한 업무에서 최소 40% 이상을 근무해야 한다고 규정하고 있다.

그러나 AIMR에서 세부적으로 제시하고 있는 것을 보면 투자의사결정과 관련한 실무경력은 그 폭이 상당히 넓다. 그렇기 때문에 실무경력이 아예 없는 경우를 제외하고는 Charter를 받지 못하는 경우가 거의 없다.

AIMR에서 제시하는 세부적인 실무경력은 은행, 증권, 보험, 투자자문사, 자산운용사 등의 여신전문가, 브로커, 기업금융전문가(주식 및 채권인수), 애널리스트, 펀드매니저, 선물옵션전문가 등의 분야가 있다. 또한 벤처캐피탈리스트, 회계사, 기업체 재무관리자(CFO), IR전문가, 재무나 투자 분야 강사 및 교수, 재무컨설턴트, 부동산투자전문가, 재무위험전문가, 재무기획종사자, 경영컨설턴트, 기업인수·합병 및 가치평가사, 경제분석가 등 AIMR에서 인정하는 실무경력 분야는 매우 폭넓고 다양하다.

CFA 경력인정 분야

A	B	Job Classification
Yes	Yes	Accountant
No	Yes	Actuary
Yes	Yes	Auditor
No	Yes	Bank Examiner
		Bank Lending:
No	No	Personal
No	Yes	Corporate
No	No	Bank/Savings and Loan Officer
No	Yes	Bussiness Appraiser
Yes	Yes	Client Services Manager
No	No	Commercial Manager
Yes	Yes	Compliance Examiner
No	No	Commodity or Real Estate Broker
Yes	Yes	Consultant on Investment Manager Selection/Investment Policy
Yes	Yes	Corporate Chief Financial Officer
Yes	Yes	Corporate Controller(not finance/not investment)
Yes	Yes	Corporate Finance Consultant
No	Yes	Corporate/Government Executive(not finance/not investment)
Yes	Yes	Credit Analyst
Yes	Yes	Derivatives Analyst
Yes	Yes	Director of Finance
No	Yes	Director of Mutual Funds
Yes	Yes	Economist(involved in investment decision-making process)
No	Yes	Financial Editor/Reporter
No	Yes	Financial Planner
No	Yes	Financial Publisher
Yes	Yes	Institutional Sales
No	No	Insurance Analyst
No	No	Insurance Sales
No	Yes	Internal Corporate Plannning Analyst
No	Yes	Internal Manager of Investment Firm
Yes	Yes	Investment Banking analyst
		Investment Sales:

A	B	Job Classification
Yes	Yes	Consultative
No	No	Non-consultative
Yes	Yes	Investment Strategy Formulator
No	Yes	Investor Relations
No	Yes	Management Consultant(excluding personnel)
Yes	Yes	Marketer(of investment management services, funds, securities, etc.)
No	Yes	Mutual Fund Sales/Trainer
Yes	Yes	Options/Futures/Commodities Analyst
	Yes	Portfolio Administrator
Yes	Yes	Portfolio Manager
Yes	Yes	Portfolio Performance Evaluator
Yes	Yes	Portfolio Strategist
No	Yes	Product/Software Developer(of investment-related products/services)
		Professor/Instructor:
Yes	Yes	Investment, finance, and economics
No	Yes	Non-financial business administration
No	No	Other
Yes	Yes	Quantitative Investment Analyst
		Real Estate Incestment Manager:
Yes	Yes	In context of diversified securities portfolio
No	Yes	Other
No	No	Researcher of SEC findings
No	Yes	Risk Analyst(securities related)
Yes	Yes	Securities and Investment Analyst
No	Yes	Securities Regulator
Yes	Yes	Securities Trader
No	Yes	Securities Underwriter
No	Yes	Stockbroker/Registered Representative
No	No	Strategic Planning Consultant
No	No	Trading/Operational Support Staff for Registered Rep.
Yes	Yes	Valuator of Closely Held Business
Yes	Yes	Valuator of Mergers/Acquisitions
Yes	Yes	Venture Capital Investment(not securities)

* Column A는 일반회원으로 가입시 인정되는 경력분야를 나타내고, Column B는 CFA charter를 수여하기 위해 인정되는 경력분야를 나타낸다.

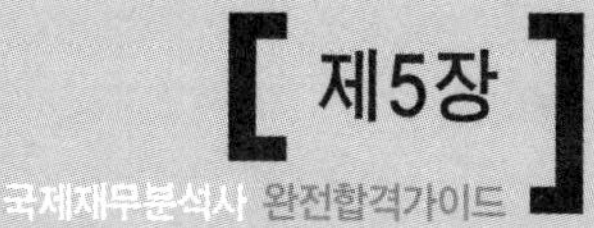

CFA시험, 어떻게 준비할 것인가?

1. Level I 시험준비요령

2. LevelII, III 시험준비요령

3. 시험에 필요한 준비기간

4. 시험에 필요한 영어능력

5. CFA교육기관 선택요령

6. AIMR지정 CFA 기본서 및 요약서 구입요령

CFA 5

1 CFA Level I 시험준비요령

(1) 효과적인 수험방법을 찾아라

시험준비는 독학으로 준비하는 방법과 학원 등 교육기관을 이용하는 방법이 있다.

CFA 합격자 가운데는 Level I 까지는 독학으로, Level II, III부터 학원을 이용했다는 사람들을 심심찮게 만날 수 있다. 이들은 정말 대단한 의지의 소유자들이거나, CFA 시험내용과 직접 해당하는 업무를 몇년 동안 해온 사람들임에 틀림없다.

그러나, 아무리 해당업무를 해온 이라 하더라도 직장생활이라고 하는 것은 개인이 과외의 시간을 가지고 수험공부에 매달리게 할 만큼 일과가 여유롭거나 일정하지 않다. 며칠째 계속되는 야근도 비일비재할 것이고, 갑작스런 출장, 업무 자체의 스트레스, 그리고 무엇보다 가정을 이루고 있는 사람이 대부분인 만큼 이러한 현실적인 장애를 뛰어넘고 Level당 평균 350여 시간을 떼어내 오롯이 공부에 전념하기란 생각처럼 쉽지 않다.

그래서 많은 수험생들의 의지처가 학원과 같은 교육기관이다.

그러나 아직도 교육기관의 교육비가 대부분 고가여서 수험생들에게 부담스러운 면이 있다. 하지만 3년이라는 길고 험난한 수험의 여정을 교육기관의 맞춤식 프로그램에 의존해 따라가다 보면 독학일 때보다 좀더 효과적인 공부를 할 수 있는 게 사실이다.

중요한 것은 이왕 마음먹은 시험을 어떻게 좀더 빨리 확실하게 끝낼 수 있는가의 문제이므로 독학이든 학원이용이든 스스로에게 가장 알맞고 효과적인 방법을 선택하는 것이다.

수험생들의 보편적인 공부방법 중 하나는 교육기관의 강의진도에 맞추어 예·복습을 해가며 동료 교육생들과 함께 스터디그룹을 조직, 두 가지를 병행하는 것이다. 이 방법은 수험준비에 필요한 절대시간을 절약할 수 있으며, 시험정보 제공 등의 도움을 받을 수 있는 장점이 있다.

이렇게 교육기관을 이용하여 준비할 경우 교육기관의 선택이 무엇보다 중요하다. 교육기관은 무엇보다도 그 기관이 신뢰성이 있는지와 CFA시험에 효과적으로 대비할 수 있도록 빠르고 정확한 CFA 관련 정보를 제공할 수 있는지에 역점을 두고 선택해야 고가의 교육비를 치르고 후회하는 일이 없을 것이다.

교육비가 부담되어 교육기관에 등록하기 힘들다면 컴퓨터를 통한 사이버 동영상 강의를 이용하는 것도 좋은 방법이다. 동영상 강의는 오프라인 교육과 비교하여 50% 정도의 교육비를 절감할 수 있다. 특히, 우리나라 동영상의 편집력과 기술력은 매우 높은 수준이기 때문에 동영상 기술에 대한 품질을 의심할 필요는 없을 것이다. 실제 현장에서 강의를 듣는 것과 큰 차이가 없다.

사이버 동영상 강의는 지방의 수험생들이나 시간적인 제약으로 교육기관에서 수강하기 힘든 직장인, 교육기관에 왔다갔다 하는 이동거리 시간을 줄이고자 하는 수험생들에게 수험준비를 위한 효과적인 동반자가 될 수 있을 것이다. 다만 동영상 강의는 학습의 특성상 독학의 성격에 가깝다.

이 말은 동영상 강의의 효과는 철저히 개인의 의지력에 좌우된다는 말이다. 컴퓨터의 스위치를 켜고 안 켜고는 오로지 개인에게 달려 있다. 그리고 한 시간 내지 두 시간을 컴퓨터 앞에 앉아 있거나 자리를 뜨는 것도 역시 개인의 인내력과 결부되어 있다. 이는 오프라인 강의에서 강의실의 뜨거운 열기에 휩싸여 상호간의 자극을 주고받을 수 있는 것과 사뭇 대조적이다. 오프라인이 자극의 대상이 남이 될 수 있는 반면 온라인 강의는 오로지 자기 자신만이 적이기 때문이다. 물론 강의의 질은 온라인이나 오프라인이나 똑같다.

몇몇 교육기관에서는 실제 강의를 동영상으로 그대로 녹화하여 수업을 진행하기도 하여 집이나 근무지에서도 편하게 동영상 강의를 수강할 수 있다. 동영상 강의 수강은 epsskorea(www.epasskorea.com), 매경인터넷(kpc.mk.co.kr), 한국증권금융연구소(www.kosfi.com), Cash & Value(www.cashnvalue.com) 등에서 실시하고 있다.

(2) 스터디그룹을 활용하라

실제 2002년과 2003년 한국증권금융연구소에서 CFA 교육을 수강하였던 수강생 중 합격자를 대상으로 조사해 본 결과, 스터디그룹에 참여했던 수강생과 참여하지 않았던 수강생 간의 합격률 차이가 큰 것으로 나타났다. 스터디그룹에 참여했던 수강생들은 개인차는 있지만 평균적으로 65% 이상은 합격하였지만, 스터디그룹에 참여하지 않은 수강생들은 전세계 평균합격률 정도이거나 그 이하로 파악되었다.

이것은 CFA시험을 준비하는 수험생 중 대부분이 직장인인 데다가 350시간 정도나 되는 장기간의 수험준비로 인하여 그만큼 시간관리와 자기관리가 쉽지 않기 때문에 스터디그룹을 이용하고 있음을 보여준다. 또한 CFA Level Ⅰ의 경우 총 시험과목이 10과목이나 되는 데다가, 영어로 시험을 준비해야 하는 부담감 때문에 혼자서 시험준비를 하려고 선뜻 나설 만큼 만만한 시험이 아니기 때문이기도 하다.

스터디그룹을 이용해 학습하는 방법은 공동의 진도로 시험을 준비하고 토론하며, 정보교환은 물론 모의시험을 치르면서 어느 정도 시험에 대한 공포심을 없앨 수 있는 장점이 있다. 또한 규칙적인 생활감각을 유지할 수 있기 때문에 혼자서 공부할 때보다 절대적으로 유리하다.

스터디그룹은 멤버 구성을 어떻게 하느냐에 따라 실력향상에 영향을 미칠 만큼 구성원과의 파트너십이 중요하다. 따라서 시험이 끝나는 날까지 공동보조를 맞추고 일체감을 형성하며 호흡을 맞출 수 있는 구성원 선정에 노력해야 할 것이다. 이러한 일체감을 통해 구성원들간의 효율적인 정보교환을 이룰 수 있으며, 구성원 전체의 실력을 향상시킬 수 있기 때문이다.

스터디그룹은 일반적으로 팀장을 중심으로 5~6명으로 한 팀을 이루는 것이 좋다. 총 10과목에 대해 비중이 높은 회계학과 공부하기 까다로운 투자윤리를 2~3회 정도 할당한다면 주당 3~4시간씩 15회 전후의 과목별 모임을 갖는 것이 바람직하다. 더불어 모의고사 위주의 정리시간까지를 포함하여 총 20회 정도 모여서 수험준비를 하는 것이 효과적이다. 팀장은 스터디그룹을 이끌수 있는 성실성과 실력, 리더십을 갖춘 사람으로 정하는 것이 좋다. 매주 스터디에서 한 명이 정해진 한 과목을 요약정리하여 발표하면서 문제풀이를 할 수 있도록 구성원 개개인의 철저한 준비가 필요하다. 또한 최소 시험일 1개월 전에는 스터디그룹을 끝내야 한다. 이때부터는 개인학습 위주의 총정리 시간으로 갖고 실전시험에 대비하여 총정리할 수 있는 시간을 가져야 한다.

(3) 끈기를 갖고 기출문제 중심(Old Question Review)으로 반복학습에 힘써라

다른 국제자격증과 마찬가지로 CFA시험의 구성은 국내의 몇몇 시험에서 볼 수 있듯이 떨어뜨리기 위한 시험이 아니다.

시험을 치러보면 알 수 있지만 시험을 치른 수험생들의 한결같은 말은 LOS 중심의 출제경향에 따라 특정 시험범위가 미리 정해지기 때문에 수험생들이 얼마나 수험준비를 하느냐에 따라 합격의 당락이 결정되는 정확한 시험이라는 것이다. 즉, 시험 출제경향 자체가 Test Bank식 출제방식이며, 최근 3년간 기출문제의 범위를 크게 넘지 않기 때문에 기출문제(Old Question Review)와 예상문제집 위주로 3회 이상 충분히 반복학습을 한다면 CFA시험에 통과하는 데 큰 어려움이 없다는 말이다.

앞서도 말했듯이 Level I 시험은 오전과 오후에 걸친 6시간 동

안 총 240문제가 출제되어 1문제당 평균 1분30초 이내에 풀어야 한다. 1문제당 1분30초 이내에 풀어야 한다는 것은 결코 만만한 일이 아니다. 불합격자들의 공통된 이야기가 시관관리에 실패했다는 말이다. 하나의 문제에 매달려 있다가 막판에 시간이 모자라 손도 못 대고 나온 문제가 많다는 것이다. 안 풀리는 문제에 계속 매달리기보다 나중에 다시 본다는 생각으로 일단 다음 문제로 넘어가는 것도 요령이다.

이처럼 오전·오후 6시간 동안 영어로 된 문제만을 풀다보면 여간 힘든 일이 아니다. 즉 1문제당 할당된 시간이 짧기 때문에 고민과 생각을 깊게 하면서 문제를 풀 만한 시간이 없다. 따라서 수험준비기간 동안 문제를 읽고 바로 풀 수 있을 만큼 기출문제 중심(Old Question Review)으로 반복학습을 하여 문제유형을 익혀두는 것이 필수이다.

CFA시험이 국내의 다른 자격증 시험과 달리 응시자들에게 더 부담스럽게 느껴지는 것은 시험준비 소요기간이 최소한 3년 이상이라는 점 때문이다. 1년에 시험을 각 Level별로 한번만 볼 수 있으며, 시험 당해년도 각 Level에 통과하지 못하고 다음 해에 시험을 다시 보게 된다면 CFA 자격을 취득하는 데 걸리는 소요기간이 4년, 5년 이상이 될 수 있다.

이렇게 CFA시험 준비기간이 장기간이기 때문에 우리나라 수험생들의 경우 오랜 수험기간의 스트레스와 영어에 대한 장벽에 부딪혀 중도에 포기하는 경우가 많다. 시험 당일 결시율이 20~30% 대인 것만 보아도 그렇다. 그러나 모든 시험이 그렇듯 생활을 단순화시키면서 끈기있게 남들보다 서너 배 열심히 준비하면 반드시 합격할 것이라는 자기암시와 신념으로 똘똘 뭉치는 것 외에는 다른 방법이 없음을 명심해야 한다.

다시 한번 강조하지만 처음 CFA시험에 임하는 수험생의 경우 CFA시험은 최소 3년 이상의 준비기간이 소요된다는 것을 명심해야 한다. 즉, 철저한 자기관리를 바탕으로 차근차근 수험준비에 만전을 기해야 할 것이다.

(4) LOS 중심의 수험전략을 세워라

CFA시험에 통과한 모든 합격자들이 한결같이 입을 모아 말하는 수험방법은 매년 9월경 AIMR에서 발표하는 'CFA Study Guide'에 나오는 LOS(Learning Outcome Statements) 위주로 수험준비를 해야 한다는 것이다.

AIMR에서 시험범위로 정한 'Reading'에 나오는 기본교재(Text Book)를 전부다 구입할 경우 그 높이만 해도 1m는 족히 될 것이다. 책의 분량뿐만 아니라 AIMR 출판유통회사인 PBD에서 전 교재를 구입할 경우 각 Level당 400~800달러(한화 60만~100만원 가량) 정도의 비용이 든다.

교재비에 대한 부담은 둘째 치더라도, 웬만한 어린아이의 키 정도로 높게 쌓인 교재의 양을 쳐다보면 어떻게 공부해야 할지 막막해지고 지레 겁먹게 마련이다. 그만한 양과 두께의 원서를 보게 된다면 평소 원서에 익숙하지 않는 수험생들은 십중팔구 '이 시험은 나에게 맞지 않아'라며 시험을 포기하는 경우가 속출하게 된다. 하지만 CFA시험은 거듭 강조하지만 국내에서 실시하는 여느 자격시험과는 다른 시험임을 명심하여야 한다.

CFA시험은 AIMR에서 시험범위로 지정해 준 'Reading'의 기본서(Text Book)에 대해 LOS(Learning Outcome Statements) 중심으로 요약한 《Schweser》, 《Stalla》, 《Allen Resources》 등의 요약서가 있다. 그렇게 때문에 방대한 양의 교재에 짓눌리지 말고 이러한 요약서를 구입하여 수험준비를 한다면 많은 비용과 시간을 투입하지 않고서도 시험준비를 할 수 있다.

요약서는 전과목에 대해 약 100~150개의 LOS(Learning Outcome Statements) 위주로 정리되어 있기 때문에 수험생들은 미리 정해진 LOS 위주로 그 주제만 공부하면 되고, 그 외에는 시험에 출제되지 않는 부분이므로 공부할 필요가 없다. 즉, 출제범위가 미리 정해지기 때문에 LOS 위주로 수험준비를 효과적으로 한 수험생이라면 누구나 합격할 수밖에 없는 시험이라는 것이다.

그러나, Level Ⅰ의 경우에는 전적으로 LOS 중심으로 된 요약서를 위주로 공부해야 하지만 Level Ⅱ, Ⅲ로 올라가면서는 LOS 중심의 요약서에만 의지하다가는 낭패를 볼 수 있으니 주의해야 한다. 각 Level이 올라갈수록 AIMR에서 추천하는 기본교재(Text Book)를 병행하여 좀더 깊이있는 수험준비를 해야 합격에 어려움이 없을 것이다.

(5) 충분한 수험기간 및 시간관리에 힘써라

AIMR의 공식 발표에 의하면 CFA시험 합격자를 대상으로 한 설문조사 결과 평균 250시간 전후로 수험준비를 하였다고 한다. 하지만 평균 250시간이라는 준비기간은 우리나라와 같은 비영어권 합격자의 평균 수험준비기간이 아니라는 것을 명심해야 한다.

영어능력이 특별히 뛰어나거나 전공능력이 우수한 수험생이 아니라면 우리나라와 같은 비영어권 국가의 수험생은 평균 350시간 전후의 수험준비 기간을 가져야 한다. 이는 평균 하루에 1시간30분 공부할 경우 8~9개월 정도의 시간을 투입해야 한다는 것이다. 특히 직장인들의 경우에는 효과적인 수험준비를 위한 시간관리가 무엇보다 중요하다. 학생인 경우에는 큰 부담이 되지 않지만 직장인에게 직장생활과 시험공부를 병행하는 것은 상당한 부담이 될 것이다. 직장생활을 하면서 하루 평균 1시간30분씩 수험준비를 위해 공부한다는 것은 웬만한 결심으로는 힘들다는 것을 명심하고 자기관리에 만전을 기해야 한다.

CFA시험을 준비하는 대부분의 수험생은 Charter를 받기 위해 필요한 3년이라는 실무 경력요건 때문에 학생보다는 직장인이 많다. 직장인 수험생들에게는 주간계획표 위주의 체계적인 준비가 필수적이다. 평일에는 교육기관이나 동영상 교육 또는 스터디그룹 위주로 시간을 관리할 수 있는 제어장치를 만들어 참여하며, 주말에는 개인학습 위주로 요약정리에 집중적으로 할애할 수 있도록 시간관리를 철저히 해야 한다.

예를 들면 전체적인 수험준비기간을 8~9개월이라고 볼 때 6개월 정도는 요약서와 'Text Book' 위주로 수험준비를 하며, 나머지 2~3개월은 문제풀이 위주로 종합정리를 하면 CFA시험 준비를 위한 효율적인 시간배분이 될 것이다.

(6) 수험정보를 항상 익숙하게 이용하라

시험준비를 위해서는 수험정보가 있는 곳에서 정보를 자주 접해야 한다. 시험관련 정보나 효율적인 공부방법 및 새로운 출제 경향의 변경 등의 최신정보들을 혼자서 찾아내기란 어려운 일이다. 이러한 정보들을 유용하게 알려주는 곳이 있다.

먼저 CFA 시험주관단체인 AIMR 홈페이지(www.aimr.org)에서는 최근의 시험문제 및 'CFA Study Guide', 원서등록, 정책변경 등 시험에 직접적으로 관련된 정보를 제공하고 있다. CFA 수험생들이라면 반드시 정기적으로 들려야 하는 홈페이지이다.

AIMR 한국지부(www.ksip.or.kr)에서도 유용한 자료들을 많이 접할 수 있다. CFA에 대해 유머스럽게 풍자하면서 전세계 수험생들이 CFA 관련자료들을 게시판에 올려놓고 상담하는 등 코믹스런 자료들이 있는 www.dennisdugan.com도 CFA 수험준비를 하는 데 유용하다. 한국증권금융연구소(www.kosfi.com), Cash & Value (www.cashnvalue.com)과 기타 국내 CFA교육기관의 홈페이지나 Schweser(www.schweser.com), Stalla(www.stalla. com), Allen Resources(www.allenresources.com) 등과 같은 출판사나 세계적인 CFA 전문교육기관에서도 많은 정보를 얻을 수 있을 것이다.

2 Level II, III 시험준비요령

① 파란색이나 검은색 필기구로 답을 적어야 하고, 읽기 쉽고 간결하게 작성해야 한다. 채점자는 주로 빨간색이나 녹색을 사용하므로 이런 색의 필기구는 사용하지 않는다. 특별한 지시가 없으면 원하는 대로 문제에 답을 작성해도 좋다. AIMR에서는 답

안지에 쓰여진 것만을 채점하기 때문에 답안지에 답을 적지 않고 혹시 시험지에 답을 적지 않았는지 확인해야 한다. 시험지에 표시나 메모를 해도 되지만 채점은 되지 않는다.

② 문제에 특별한 지시가 없더라도 주관식(Essay) 질문에 대해서는 답안 작성과정, 즉 문제풀이과정을 보여 주어야 하며, 만약 답이 틀렸다고 해도 문제풀이과정을 보였을 때 정당한 이유가 제시된 부분에 대해 부분점수(Partial Score)를 줄 수 있다.

③ 주관식(Essay) 문제에서는 명령적 단어(command word)와 번호지시에 주의해야 한다. 명령적 단어는 굵은 글씨로 되어 있고 번호지시는 이탤릭체로 되어 있다.

④ 주관식(Essay) 답안 작성과정에서 생각을 논리적이고 일관성 있으면서도 빠르게 전달하기 위해서는 개요나 bullet 점수, ‘and’나 ‘or’ 같은 접속사를 사용하면 좋다. 즉, Essay 답안 작성과정은 완전한 문장형식을 요구하는 것이 아니며 단어나 문법 등이 틀려도 이에 대한 감점은 없기 때문이다.

⑤ 질문한 것보다 더 많은 답을 적어도 추가점수를 받지 않기 때문에 질문한 것 이외의 답을 적지 않도록 한다. 예를 들면 세 가지를 논하라고 했을 때 5개를 열거해도 처음에 답한 3개만이 채점되고 추가답안은 채점되지 않는다.

⑥ 만약 답이 부분적으로 일치하지 않거나 비문법적이라면 점수를 받지 못한다. 예를 들어 문제가 recommend(소개하라), justify(설명하라) 라고 했을 때 점수를 얻기 위해서는 두번째 부분(설명)이 첫번째 부분(소개)과 일치해야 하는 것이다.

3 시험에 필요한 준비기간

AIMR의 공식자료에 의하면 전세계 1차 합격생들의 평균 수험준비기간은 약 250시간(주당 10~15시간, 18주)이다. 그러나 이 통계치는 영어권 국가들을 대상으로 한 통계치이다. 따라서 우리나라와 같은 비영어권 국가의 수험생들에 대한 수험준비기간이 결코 아니다.

CFA시험은 Level Ⅰ에서 끝나는 시험이 아니라 Level Ⅲ까지 최소 3년을 공부해야 하는 장시간을 투자해야 하는 시험이다. 각 단계별로 Level이 올라가면서 시험내용의 난이도가 높아지기 때문에 기본서(Text Book) 중심의 심도있는 준비를 위해서는 AIMR에서 발표한 전세계 평균 수험준비기간보다 20% 이상 투자해야 한다. 각 Level별로 최소 300~350시간(주당 12~18시간, 7개월)은 준비해야 한다. CFA 시험과목은 대부분 경상계열 중심의 과목이기 때문에 경상계열을 전공하지 않은 비전공자들은 평균 350~450시간 이상 집중적으로 투자해야 한다. 따라서 CFA시험을 준비하기 위해서는 일상생활을 최대한 단순화시키고 주말과 여유시간을 집중적으로 투자하는 노력이 필요하다.

4 시험에 필요한 영어능력

CFA시험은 영어능력이 우수한 사람이 합격하기가 쉬운 것은 사실이다. 시험문제 자체가 영어로 출제되기 때문에 영어를 잘한다는 것은 시험을 준비하는 첫 시작점에서는 그렇지 못한 사람들보다 훨씬 유리하다고 할 수 있다.

특히 Level I을 응시한 수험생들이 시험이 끝난 후 시험장에서 나누는 대화는 '시험이 어려웠냐'는 질문보다는 '몇 문제를 못 풀었는가?'이다. 시간이 부족해서 시험문제를 다 풀지 못하였다는 것이다. 이것은 수험준비가 부족하거나 영어 독해능력이 부족한 것 중 하나일 것이다. 만약 영어 독해능력이 부족하다면 반복학습을 통해 전문용어(Special term, Key Word)가 익숙해지도록 평소에 준비를 해야 할 것이다.

Level I의 경우 4지선다로 출제되는데 한 문제당 1분30초를 넘겨서는 안 된다. 독해능력이 떨어진다면 당연히 시간부족으로 당황하게 될 것이다.

그렇다면 CFA시험에 합격하기 위한 영어실력은 어느 정도이면 좋을까? CFA시험에 합격하기 위해서는 대학에서 공부했던 수준 정도의 독해능력과 기본적인 작문 능력만 갖추면 된다. 즉, CFA시험을 준비하는 과정을 통해서 기본서(Text Book)와 요약집을 읽고, 교육기관 등에서 강의를 듣고 문제를 풀다 보면 자연스럽게 시험을 볼 수 있을 정도의 영어능력을 갖추게 될 것이다. 반복학습으로 꾸준히 시험준비에 박차를 가한다는 가정 하에서만 가능하다.

영어 자체가 시험에 절대적으로 차지한다고는 할 수는 없지만 영어능력이 부족하다면 시험준비를 하는 데 상당한 어려움에 부딪힐 것이다. 그렇다고 미리 걱정할 필요는 없다. 앞서도 설명했듯이 수험준비를 정상적인 코스로 열심히 한다면 영어능력은 자연스럽게 배양되기 때문이다.

5. CFA 교육기관 선택요령

CFA시험은 Level Ⅲ 시험 합격까지 최소 3년 여가 소요되는 가장 권위있는 자격시험이다. 따라서 현대투자론에 대한 체계적 학습과 시험합격을 위해서는 신뢰할 수 있는 교육기관을 선택하는 것이 무엇보다도 중요하다. 교육기관을 선택할 때는 다음 네 가지 점을 반드시 체크하여야 한다.

(1) 교수진은 검증되었는지

CFA시험은 재무관리, 투자론, 경제학, 파생상품 등의 과목에서 MBA 수준 이상의 실력이 요구된다. 따라서 교수진이 Level Ⅰ, Ⅱ, Ⅲ의 강의를 성공적으로 진행한 경험이 있어야 CFA 과정에 대한 통일적이고 체계적인 강의를 할 수 있다. 현재 국내에서 Level Ⅰ, Ⅱ, Ⅲ 프로그램을 종합적으로 제공하고 있는 교육기관은 한국증권금융연구소(KOSFI)를 포함하여 두 군데밖에 없다.

(2) 신뢰할 수 있는 교재를 사용하고 있는지

현재 CFA 수험서로는 《Schweser Study Notes》를 비롯하여 《Stalla》, 《Allen Resources》, 《JKE》 등 약 7종이 출시되어 있다. 이 중 정통 재무학자들에 의해 집필되어 신뢰할 수 있는 교재는 《Schweser Study Notes》밖에 없다. 전 세계적으로 10만 명이 넘는 수험생 중의 약 75%가 《Schweser Study Notes》를 수험서로 사용하고 있다. 교재의 원가나 기타의 이유 등으로 수험서의 신뢰성을 고려치 않는 교재 선택은 장기적으로 수험생들에게 상당한 부담이 될 수밖에 없다. 신뢰할 수 있는 교재의 선택은 합격의 충분조건은 아니더라도 최소한의 필요조건이다.

(3) 커리큘럼은 체계적인지

CFA시험의 핵심과목인 재무제표분석, 재무관리, 투자론, 경제학에 관한 기초를 닦을 수 있는 Pre-CFA과정, Main-Course(본과정), Final Review 등의 교육과정이 유기적으로 연결되어 있는지, 과목별 배분시간은 합리적인지, 총 교육시간은 적절한지 등을 종합적으로 고려하여야 한다.

교육시간을 지나치게 짧게 해 교육비를 낮춘 교육프로그램의 경우 교육비 부담은 덜 수 있을지 모르지만 강의진행이 부실해질 가능성이 높다. 따라서 적절한 교육시간 배정을 통해 과목별 핵심주제를 철저히 파악할 수 있도록 커리큘럼이 짜여져 있는지 검토해야 한다. 잘 짜여진 커리큘럼을 통해 CFA시험준비를 체계적으로 하면 대학원 과정에서보다 많은 것을 배울 수 있다.

(4) 수험생에 대한 지속적인 지원은 이루어지는지

CFA시험은 최소 3년의 장시간이 소요된다. 따라서 수험정보제공, 출제경향분석 자료제공, 스터디그룹 활동지원 등 수험생에 대한 지속적인 지원이 이루어질 수 있는지 체크해야 한다.

6 AIMR 지정 CFA 기본서 및 요약서 구입요령

AIMR에서는 CFA시험을 위한 지정교재(Text Book)를 공고하는데, 매년 9월경에 차기년도 각 Level별 Study Guide를 발표하는 것이 그것이다.

AIMR에서 지정한 기본 교재는 Level I 의 경우 10권이 넘는데, 이러한 교재를 AIMR을 통해 전부 구입할 경우 운송비를 포함하여 700달러가 넘으며, 각 Level별로 400~800 달러 정도 되기 때문에 국내 수험생들은 비용 면에서 큰 부담이 될 것이다. 그리고 막상 기본서(Text Book)를 구입하여 받아보는 순간 많은 양의 교재와 분량으로 인해 두려움을 먼저 느낄 것이다. 그러나 CFA 시험범위는 AIMR에서 지정한 교재 한 권 전체를 지정하는 것이 아니라 5~10개의 Chapter를 지정해 준다. 또한 기본서를 전체 시험범위에 따라 LOS(Learning Outcome Statements) 기준에 따라 만든 요약서(Stalla, Schweser, Allen Resources)를 잘 활용한다면 시간상 CFA시험에 효과적이다.

그러나 Level II, III로 올라갈수록 주어진 학습과제와 공부량 및 난이도가 높아지기 때문에 반드시 기본서를 구입하여 요약서와 병행하여 준비해야 한다.

CFA시험을 위한 지정교재는 www. pbdbookstore.com에서 온라인 구매가 가능하다. 요약서는 www.stalla.com, www. allenresources.com, www.schweser.com에서 구매 가능하며, 국내에서는 CFA 관련계산기와 기본서를 취급하는 Finance Book(주)(www.fufi.co.kr)을 통해서도 구입이 가능하다. 참고로 기본서의 경우 AIMR에서 출판된 것 외에는 국내가격이 PBD(www.pbdbookstore.com) 가격보다 훨씬 싸기 때문에 국내에서 구입하는 것이 비용을 절감할 수 있는 방법이다.

2004 CFA Study and Examination Program Textbooks: Level I

도서명	저자 및 출판사	정가
2004 CFA LevelI Candidate Readings	AIMR, 2004	$35
Standards of Practice Handbook, 8th edition	AIMR, 1999	$25
Quantitative Methods for Investment Analysis	Richard A. DeFusco, Dennis W. McLeavey, Jerald E. Pinto, and David E. Runkle (AIMR, 2001)	$60
Economics: Private and Public Choice, 10th edition	James D. Gwartney, Richard L. Stroup, and Russell S. Sobel (Dryden, 2000)	$75
The Analysis and Use of Financial Statements, 3rd edition	Gerald I. White, Ashwinpaul C. Sondhi, and Dov Fried (Wiley, 1998)	$85
Investment Analysis and Portfolio Management, 7th edition	Frank K. Reilly and Keith C. Brown (Dryden, 2000)	$80
Fundamentals of Financial Management, 8th edition	Eugene F. Brigham and Joel F. Houston (Dryden, 1998)	$75
Fixed Income Analysis for the Chartered Financial Analyst Program	Frank J. Fabozzi (Associates, 2000)	$85
Analysis of Derivatives for the CFA® Program	AIMR 2003	$60
International Investments 5th	Solnik and McLeavey	$85

2004 CFA Study and Examination Program Textbooks: Level II

도서명	저자 및 출판사	정가
2004 CFA Level II Candidate Readings	AIMR, 2001	$45
Standards of Practice Handbook, 8th edition	AIMR, 1999	$25
Standards of Practice Casebook	AIMR, 1996	$20
Quantitative Methods for Investment Analysis	Richard A. DeFusco, Dennis W. McLeavey, Jerald E. Pinto, and David E. Runkle (AIMR, 2001)	$60
The Analysis and Use of Financial Statements, 2nd edition	Gerald I. White, Ashwinpaul C. Sondhi, and Dov Fried (Wiley, 1998)	$78
Investment Analysis and Portfolio Management	6th edition, Frank K. Reilly and Keith C. Brown (Dryden, 2000)	$75
Company Performance and Measures of Value	Added, Pamela P. Peterson and David R. Peterson (Research Foundation of the ICFA, 1997)	$20
Fixed Income Analysis for the Chartered Financial Analyst Program	Frank J. Fabozzi (Frank J. Fabozzi Associates, 2000)	$85
Analysis of Derivatives for the CFA® Program	AIMR 2003	$60
Analysis of Equity Investments: Valuation	AIMR 2002	$50
Financial Shenanigans, 2nd edition	Schilit	$20
Fundamentals of Financial Management; 8th edition	Brigham and Houston	$75
International Investments 5th edition	solnik and McLeavey	$85

2004 CFA Study and Examination Program Textbooks: Level III

도서명	저자 및 출판사	정가
2004 CFA LevelIII Candidate Readings	AIMR, 2001	$50
Standards of Practice Handbook, 8th edition	AIMR, 1999	$25
Standards of Practice Casebook	AIMR, 1996	$20
Quantitative Methods for Investment Analysis	Richard A. DeFusco, Dennis W. McLeavey, Jerald E. Pinto, and David E. Runkle (AIMR, 2001)	$60
Fixed Income Readings for the Chartered Financial Analyst Program	Frank J. Fabozzi (Frank J. Fabozzi Associates, 2000)	$75
International Investments 5th edition	Solnik and McLeavey	$85
Irrational Exuberance	Shiller	$14
The Psychology of Investing	Nafsinger	$24
Analysis of Derivatives for the CFA® Program	AIMR	$60

CFA시험 생존의 10계명

1 폭풍우 전에는 평온함을 찾아라. 컨디션이 최상을 유지할 수 있는 가장 좋은 마지막 시기는 시험 전인 금요일 오후 6시까지이다. 많은 사람들이 시험 전날 밤늦게까지 공부를 하는데 이것은 매우 비효율적이다. 시험 전에는 무엇보다 정신을 맑고 편안하게 하라. 불안해 하거나 두려워하지 말고 즐겁게 생각하고, 친구나 가족들에게 곧 사회적 지위를 얻게 되리라는 확신을 주도록 하라. 누구나 숙면을 취해야 한다는 말을 많이 할 수 있다. 그러나 정신을 편안하게 놓을 수 없다면, 수면시간을 확보하는 것이 더 어려울 수 있다. 이럴 때는 당신이 쉴 수 있는 최선의 방법을 찾아 쉬도록 하라. 그렇다고 안정제를 복용하는 것은 좋지 않다.

2 전쟁에 승리하기 위해 철저히 준비하라. 시험장에 필요한 준비물 (#2 연필, 계산기, 시계, 신분증, 수험표, 요약노트 등)은 전날 밤에 챙겨서 찾기 쉽고 눈에 잘 띄는 곳에 두어라. 준비물을 챙겨놓지 못했다면 시험시간 내내 정신적으로 혼란과 불안감을 떨칠 수 없을 것이다. 긴장을 풀고 가능한 한 시험장소에 일찍 도착해서 시험장의 위치, 화장실의 위치, 시험 볼 자리를 미리 보아두어라.

3 신체의 생리작용에 주의하라. 오랜 수험생활로 수험생은 신경이 매우 예민해져 있음을 염두해야 한다. 시험 시작 전 오전, 오후에 꼭 화장실을 가야 한다. 시험 도중에 화장실을 가는 것은 시간상 엄청난 손실이다. 시험중 화장실을 안 가고는 안 될 상황이 되면 당황하지 말고 시험관에게 알리고 다녀오는 것이 참고 시험을 치르는 것보다 오히려 더 큰 도움이 될 것이다.

4 오후 시험을 위해 가벼운 영양공급과 기분전환을 하라. 오후 시험 을 위해 벼락공부하려고 점심을 거르며 공부하는 것은 좋지 않다. 양질의 가벼운 식사와 기분전환(잡지 같은 것)은 오후 시험을 상쾌하고 편안하게 볼 수 있게 하는 가장 좋은 방법이다. 점심계획(장소, 메뉴 등) 을 미리 정해두는 것도 시험 당일 불필요한 것에 신경을 안 쓰는 좋은 방 법이 된다. 음료수는 가능하면 시험 전보다는 시험 후에 많이 마셔라. 시 험 전에 마시는 음료는 신체 생리리듬을 변화시켜 시험성과를 증진시키 는 데 도움이 되지 않는다.

5 문제를 잘 읽어라. 계산문제는 정확하게 계산하고 문제에 가장 맞 는 답을 고르도록 하라. CFA Level I 은 사관학교의 하급생이나 같다. AIMR이 깊은 해석을 요하는 어려운 문제를 출제했다면, 이는 CFA 를 도전하는 당신을 일찌감치 단념케 하는 것이 되지 않겠는가? 따라서 Level I 은 경제·투자의사결정의 기본적인 지식을 요구하고 있으나 크 게 걱정할 필요는 없다. CFA Level I 시험이 지식의 이해와 습득을 묻 는 문제들이라면 CFA Level II 는 지식과 원리를 응용·분석하는 문제들

로 이루어져 있다. 원리를 응용하는 질문용어는 '계산하라' '논증하라' '설명하라' '보여주어라' '풀어라' '결정하라' 등이다. 또한 어떤 상황에 대한 분석을 요하는 질문용어는 '차별화시켜라' '측정하라' '분리시켜라' '도표를 그려라' 등이다. 문제의 특정 지시사항에 주의하고 질문용어에 따라 답안을 작성한다. 질문용어는 굵은체로 되어 있다.

CFA Level Ⅲ는 설정된 상황으로부터 해결책을 제시하거나 판단을 내리고 결정하기를 요하는 문제들이다. 설정된 상황으로부터 해결책을 제시하는 질문용어는 '구성하라' '설계하라' '공식화하라' '분석하라' '결합시켜라' '수정하라' '작성하라' 등이다. 또한 판단을 내리고 결정하기를 요하는 문제의 질문용어는 '추천하라' '정당함을 증명하라' '가치를 평가하라' '입증하라' '비판하라' 등이다. 문제의 특정 지시사항에 주의하고 질문용어에 따라 답안을 작성한다. 질문용어는 굵은체이다.

확신을 가지고 문제에 답하라. 아무도 정답을 맞추지 못하는 문제가 배점이 크다. 당신이 어떤 문제에 대해 결정을 내렸다면 이를 확신하고 풀어쓸 수 있는 능력이 있을 것이다. 또한 필요 이상의 답을 하는 것은 도움이 되지 않는다. 문제에서 요구하는 것보다 더 많은 답을 쓴다면 자신이 없다는 것을 드러내는 것이다. AIMR은 아무리 많이 쓴다 해도 부분적으로 일관성이 없거나 비논리적인 대답에는 완전한 점수를 주지 않는다고 명시하고 있다.

6 점수에 영향이 있는 것을 가볍게 넘기지 말라. 상식은 당신이 해답을 선택하는 데 직접적인 요소가 될 수 없을지라도 제한된 시간 내에 문제에 답하는 데 있어서는 도움을 주는 한 요소가 될 수 있다. 한 문

제를 너무 오래 고민하거나 풀기 위해 시간을 소비하지 말아라. 왜냐하면 문제가 의도하고 있는 과정을 잘못 이해하고 있을 수도 있기 때문이다. 할당된 시간을 초과할 것 같으면 그 문제에 표시를 하고 다른 문제를 해결한 후 다시 돌아와 문제를 해결하라. 그때에는 잠재의식의 감각을 되살리게 할 가능성이 매우 높기 때문이다.

시간을 효율적으로 이용하라. 답이 바로 보이고 자신이 있으면 이것은 좋은 기회이다. 이를 놓치지 말고 빨리 풀고 넘어가라.

7 시간조절에 유의하라. 매 문제를 풀 때마다 시간을 체크하는 것은 현명하지 않지만, 30분이나 45분마다 시간의 경과에 따라 푼 문제를 체크해 보도록 하라. 이를 위해서는 모의시험에서 시간관리 기술을 연습해 두는 것이 좋다. 문제를 빨리 보고 30분 간격마다 체크해 둘 수도 있다. 시간이 잘 안 맞더라도 당황하지 말라. 시간을 맞출 수 있게 하는 문제들을 발견할 것이다.

8 비장의 카드를 가져라. 꼭 필요한 공식이나 기억해야 하는 것이 있지만, 항상 문제가 의도하는 대로 생각나는 것은 아니다. 시험을 시작하는 그 때를 잡을 수 있도록 준비하라. 걱정을 줄이고, 전쟁에 자연스럽게 적응하면, 몇 점을 더 얻을 수도 있다.

9 빈 공간을 남기지 말라.

10

당황하지 말라. 모든 사람이 모든 것을 다 알지는 못한다. 당신이 당황스러우면 남도 당황스럽다. 당신은 이 시험을 합격할 수 있다! CFA Level I 에 떨어지는 수험생은 등록만 하고 거의 아니 전혀 공부를 하지 않은 수험생들이 대부분이다. 올해는 경험으로 치러보고 내년에는 정말 합격할 수 있다는 여유로운 마음으로 응시하는 것이 좋다. 불합격 점수를 받은 사람들은 시험상황을 연습해 보지 않아 당황한 사람, 상대적으로 쉬운 문제에 학습을 집중시키지 못한 사람, 시험에 대한 다른 지시사항에 대한 정보가 없었던 사람들이 대부분이다.

첫 5분 내에 시험이라는 전쟁에서 지지 말아야 한다. 침착하게 시작하라는 뜻이다. 첫 문제에 진땀을 흘리지 말아라. 누구나 첫 문제의 답을 알지 못한다고 생각하는 것이 도움이 될 것이다. 당신이 풀 수 있는 문제를 찾아라. 그러면 두려움은 없어질 것이다. 마음을 차분히 하면 이제 닥치게 될 까다로운 문제에 두려움 없이 자신감을 가지고 정진할 수 있을 것이다.

'성공을 위한 마지막 공식' 에 따라 자신감을 가지고 시험에 임하라. 학습범위를 효율적으로 활용하라(LOS). 출제 가능성이 높은 문제, 마스터하는 데 시간이 적게 드는 부분, 특정 문제를 집중해서 볼 수 있는 기출문제 가이드를 활용하라. 지금까지의 시험유형을 보면 유사한 문제가 많이 나오는 편이다. 실제 상황과 똑같은 모의시험을 치러보아라. 이미 합격한 모든 수험생들도 시험을 보는 시간에는 걱정과 의심으로 불안해 하였다는 것을 생각하라. 너 자신을 버리지 말고 믿어라. 그러면 자기 완성적 기회가 될 것이다.

www.dennisdugan.com

Level I 과목별 시험준비요령

1. Ethical and Professional Standards
   (투자윤리 및 윤리강령)

2. Quantitative Methods(통계학)

3. Economics(경제학)

4. Financial Statement Analysis(재무제표분석)

5. Corporate Finance(재무관리)

6. Markets and Instruments & Alternative
   Investments(금융시장분석 & 대체투자상품)

7. Equity Investments(주식분석)

8. Debt Investments(채권분석)

9. Derivative Investments(파생금융상품)

10. Portfolio Management(포트폴리오)

⟨CFA 6

1 Ethical and Professional Standards(투자윤리 및 윤리강령)

(1) 기본서(Text Book) 및 참고자료

- Standards of Practice Handbook, 8th edition(AIMR, 1999)
- 2004 CFA Level Ⅰ Candidate Readings
- Global Investment Performance Standards(AIMR, 1999)

(2) LOS(Learning Outcome Statements)

- Code of Ethics
- Standards of Professional Conduct
- Standards of Practice Handbook
- Global Investment Performance Standards

(3) 수험준비요령

CFA Level Ⅰ 시험에서 15%의 출제비중을 가진 〈투자윤리(Ethical and Professional Standards)〉는 Level Ⅰ 응시생들에게는 가장 어렵게 여겨지는 과목이다. Ⅱ차와 Ⅲ차에서도 10%를 차지하고 있는 데다 이 과목에서 높은 점수를 받으면 합격선 부근에 몰려 있는 다른 수험생보다 유리하게 합격할 수 있다는 점에서 매우 중요한 과목이라고 할 수 있다.

이것은 CFA시험을 주관하는 AIMR에서 투자·증권·금융관련 전문인으로서 지켜야 할 기본적인 윤리와 규범을 얼마나 중요시 여기는가를 보여주고 있다.

〈투자윤리〉의 윤리규범을 구성하고 있는 것은 22개로 구성된 규정들이다. 무려 240페이지에 이르는 이 과목 기본서(Standards of Practice Handbook)도 그 내용의 실제는 결국 22개의 규정을 보다 더 자세히 소개해 놓은 것에 불과하다.

〈투자윤리〉 과목에 대한 수험준비 목적은 어떠한 사안이 주어진 경우 이 사안에 적용될 규정을 제대로 찾아내는 능력과 그 규정을 적용했을 때의 결과를 제대로 도출해 내는 능력인 것이지 규정의 문구 자체는 아니다.

투자윤리 기본서는 규정소개(의무규정), 규정해설(Purpose and Scope of the Standard), 관련사례(Application of the Standard), 규정준수를 위한 절차(Procedures for Compliance)로 구성되어 있다.

수험준비는 기본서의 흐름대로 정리해야 하며 의무규정을 제대로 골라내는 능력과 규정해설에 따라 규정소개와 관련사례에 적응하는 능력을 익히는 데 전력을 집중해야 한다.

2 Quantitative Methods(통계학)

(1) 기본서(Text Book) 및 참고자료

- Quantitative Methods for Investment Analysis, Richard A. DeFusco, Dennis W. McLeavey, Jerald E. Pinto, and David E. Runkle(AIMR, 2001) Ch. 1, 3~8

(2) LOS(Learning Outcome Statements)

- The Time Value of Money
- Statistical Concepts and Market Returns
- Probability Concepts
- Common Probability Distributions
- Sampling and Estimation
- Hypothesis Testing
- Correlation and Regression

(3) 수험준비요령

〈통계학(Quantitative Mothods)〉은 Level I 시험에서 재무관리 분야의 기초과목인 화폐의 시간가치 부분(Time Value of Money)을 포함하여 12%의 출제비중을 차지한다. 자산가치평가를 위한 기본적인 지식을 묻는 문제들이 출제되며, 〈경제학〉과 마찬가지로 Level Ⅱ, Ⅲ로 올라갈수록 비중이 줄어든다.

〈통계학〉에서 시험비중을 많이 차지하는 주요 부분은 다음 세 가지로 나눌 수 있다.

첫째, 화폐의 시간가치개념(Time Value of Money)이다. 이 분야는 재무관리의 기초분야로 화폐의 현재가치 및 미래가치, 연구연금의 현재가치, 연금의 현재 및 미래가치 등을 이해하기 위한 것이다. 특히 화폐의 시간가치는 CFA 시험용 계산기(BA Ⅱ Plus, HP12C)를 이용한 계산법 등에 익숙해 있어야 수험장에서 시간을 절약할 수 있으므로 반드시 계산기 사용법을 숙지해야 한다.(부록1. 계산기 사용법 참조)

둘째, 통계학의 기초개념 분야 및 확률에 관한 기초에 대한 개념과 가설검증이 주로 출제된다. 평균값, 중앙값, 최빈값, 분산, 표준편차에 대한 계산법 등의 기초 통계학과 확률에 관한 개념으로 확률분포와 확률변수에 대한 평균, 분산, 표준편차, 확률추출에 관한 개념과 단측 및 양측검증 등의 가설검증에 관한 방법이 출제된다.

셋째, 상관 및 회계분석에 관련된 분야가 출제된다. 수험준비를 하기에는 어려운 분야이지만 출제경향은 기초개념에 대한 문제를 중심으로 하고 있기 때문에 《Schweser》와 같은 요약서, 최근 3년간 기출문제(Old Question Review)를 중심으로 준비한다면 큰 어려움이 없을 것이다.

3 Economics(경제학)

(1) 기본서(Text Book) 및 참고자료

- Private and Public Choice, 10th edition, James D. Gwartney, Richard L. Stroup, and Russell S. Sobel(Dryden, 2000) Ch. 12~15, 17~23
- Fundamental, of Financial Management, 8th edition, Eugene F. Brigham and Joel F. Houston(Dryden, 1998)
- International Investments 5th edition, Bruno Solnik and Dennis McLeavey(Addison Wesley, 2003)

(2) LOS(Learning Outcome Statements)

- Supply, Demand, and the Market Process
- The Economic Role of Government
- Taking the Nation's Economic Pulse
- Economic Fluctuations, Unemployment, and Inflation
- Working with Our Basic Aggregate Demand/ Aggregate Supply Model
- Keynesian Foundations of Modern Macroeconomics
- Fiscal Policy
- Money and the Banking System
- Modern Macroeconomics: Monetary Policy

- Stabilization Policy, Output, and Employment
- Supply and Demand: Applications and Extensions
- The Phillips Curve: Is There a Trade-off between Inflation and Unemployment
- Demand and Consumer Choice, including addendum Consumer Choice and Indifference Curves
- Costs and the Supply of Goods
- Price Takers and the Competitive Process
- Price-Searcher Markets with Low Entry Barriers
- Price-Searcher Markets with High Entry Barriers
- Gaining from International Trade
- The Supply of and Demand for Productive Resources
- Foreign Exchange Parity Relatins
- Foreign Exchange
- The Financial Environment: Markets, Institutions and Interest Rates

(3) 수험준비요령

CFA시험 Level I 에서 〈경제학(Economics)〉 분야가 차지하는 출제비중은 10%이며, 〈통계학〉과 마찬가지로 Level II, III로 올라갈수록 줄어들고 있다. 특히 주의해서 공부할 것은 Level I 에서는 국제경제 분야를 제외하고는 경제원론 수준을 벗어나지 않는다는 점이다. 오히려 Level II, III로 올라갈수록 외환시장 중심의 국제금융 부분의 비중이 점점 높아진다.

〈경제학〉의 출제 분야는 크게 세 가지로 나눌 수 있다. 첫째 미시경제, 둘째 거시경제, 셋째 외환시장 중심의 국제경제학이다. 전반적으로는 LOS(Learning Outcome Statements) 중심으로 수험준비를 하면 어려움없이 대비할 수 있으며, 국제경제학 분야는 실무 중심으로 출제되기 때문에 별도의 기본서를 참고하면 효과적으로 수험준비를 할 수 있다.

출제 분야별로 좀더 상세히 살펴보면 다음과 같다.

첫째, 미시경제학(Microeconomics)은 수요·공급이론, 소비이론, 생산이론, 시장형태와 기업행동이론, 시장실패와 정부의 역할이 시험범위이며 생산요소시장은 제외된다. 특히 시장형태와 기업행동이론의 출제비중이 높다. 완전경쟁과 불완전경쟁의 차이를 그래프를 통해서 정확히 이해한 후, 가격·생산량·이윤·시장의 평가 등을 학습한다. 비교적 쉬운 부분으로 출제비중은 30~50% 정도이다.

둘째, 거시경제학(Macroeconomics)은 처음 공부할 때는 미시경제학보다 어렵게 느낄 수 있지만 전체적인 구성체제를 잘 이해하면 고득점을 얻을 수 있다. 특히 적응적 기대가설과 합리적 기대가설에 따른 재정정책과 금융정책의 효과를 AD·AS곡선으로 설명할 수 있어야 한다. 국민소득론, 경기변동론, 화폐금융론, 금융정책과 재정정책 등이 시험범위이고 IS·LM 분석, 경제발전론은 제외된다. 거시경제이론 중에서도 기초적이고 전체적인 체계를 이해하도록 노력하고, 세부적이고 깊이있는 내용은 LOS의 범위를 중심으로 준비한다. 출제비중은 40~50% 정도이다.

셋째, 국제경제학(International Economics)은 무역이 발생

하는 이유, 국제수지, 관세(보호무역)의 경제적 효과, 환율의 결정과 변동요인, 고정환율과 변동환율, 외환시장(Cross Rate, Interest Rate Parity)에서 출제된다. 너무 욕심부리지 말고 범위를 좁혀 LOS에 따라 충실히 준비하면 어렵지 않게 좋은 점수를 기대할 수 있다. 출제비중은 25% 정도이다.

4 Financial Statement Analysis(재무제표분석)

(1) 기본서(Text Book) 및 참고자료

- The Analysis and Use of Financial Statements, 3rd edition, Gerald I. White, Ashwinpaul C. Sondhi, and Dov Fried(John Wiley & Sons, 2003) Ch. 1, 2, 3, 6~11
- Investment Analysis and Portfolio Management, 7th edition, Frank K. Reilly and Keith C. Brown(Dryden, 2000) Ch. 10
- 2004 CFA LevelI Candidate Readings: Kieso & Weygandt
- Financial Accounting. Belverd E. Needles, Jr., and Marian Powers, 7th edition(Hougton Miffim, 2001)
- Financial Shenanigans, 2nd edition, Howard Schilit(McGraw-Hill, 2002)

(2) LOS(Learning Outcome Statements)

- Measuring Business Income
- Financial Reporting and Analysis
- Short-Term Liquid Assets
- Inventories
- Current Liabilities and the Time Value of Money
- Long-Term Assets
- Long-Term Liabilities
- Contributed Capital
- The Corporate Income Statement and the statement of Stockholders' Equity
- The Statement of Cash Flows
- Accounting Income and Assets: The Accrual Concept
- Analysis of Cash Flows
- Analysis of Financial Statements
- Dilutive Securities and Earnings per Share
- Analysis of Inventories
- Analysis of Long-Lived Assets
- Analysis of Income Texes
- Analysis of Financing Liabilities
- Leases and Off-Balance-Sheet Debt

(3) 수험준비요령

〈재무제표분석(Financial Statement Analysis)〉은 Level I 시험에서는 28%, Level II 시험에서는 25%~35%가 출제되어 시험

비중을 많이 차지하지만, Level Ⅲ 시험에서는 아예 출제되지 않는다. Level Ⅰ, Ⅱ 시험의 당락은 실로 〈재무제표분석〉이 좌우한다고 해도 과언이 아니다.

우선 수험생들이 반드시 숙지해야 할 것은 〈재무제표분석〉이 CPA 시험이나 대학에서 배우는 회계학과는 그 초점이 조금 다르다는 사실이다. 기존의 회계학이 회계처리 등의 계정과목 중심이라면, 〈재무제표분석〉은 CFA를 양성하는 과목답게 재무비율 및 현금흐름표 관점에서 많은 문제가 출제된다.

예를 들면, 재고자산의 경우 기존의 회계학이 FIFO, LIFO 등의 회계처리에 치중한다면, 〈재무제표분석〉은 그러한 재고자산의 방법이 재고자산회전율, 부채비율 등 재무비율에 어떤 영향을 미치는지를 중점적으로 테스트한다.

따라서 기존의 회계학 지식만으로 시험을 치르기엔 약간 부족하므로, 반드시 수험관련 서적을 가지고 정리하는 것이 시간을 가장 단축시키면서 합격률을 높이는 길이다.

또한 재무회계 전반을 모두 이해하려면 공부량이 상당히 많아지므로, AIMR에서 지정해 준 LOS 위주로 정리해야 시간낭비를 줄일 수 있다.

〈재무제표분석〉은 기본적으로 회계원리 정도를 이해하고 있어야 한다. 비중있게 다루어지는 분야는 현금흐름표, 재무비율, 재고자산/유형자산, 리스, 이연법인세, EPS이다. 따라서 수험생들은 이러한 부분에 비중을 두고 공부해야 한다.

다시 한번 강조하지만 현금흐름표와 재무비율을 우선적으로 정리해야 한다.

Asset Valuation은 Level Ⅰ 시험과목 중 30%를 차지하고 있는 분야로서 〈Corporate Finance〉, 〈Markets and Instruments〉, 〈Equity Investments〉, 〈Debt Investments〉, 〈Derivative Investments〉, 〈Alternative Investments〉 등 총 6개 과목으로 구성되어 있다. 이 중 Level Ⅰ에서 비중을 두어 공부해야 할 과목은 〈Equity Investments〉, 〈Debt Investments〉, 〈Derivative Investments〉이다.

한편 AIMR은 2002년도 시험부터 〈Quantitative Methods〉 과목의 기본서를 《Quantitative Methods for Investment Analysis(DeFusco, McLeavey, Pinto & Runkle)》로 대체하였다. 이 책 중 Ch. 1 〈Time Value of Money〉와 Ch. 2 〈Discount Cash Flow Applications〉는 Asset Valuation을 공부하기 전에 반드시 갖추어야 할 논리를 담고 있다. 따라서 Asset Valuation을 공부하기 전에 우선 〈Quantitative Methods〉를 공부하는 것이 수험전략상 유리하다. 특히 Ch. 2는 Asset Valuation에 할당되어 있다.

5 Corporate Finance(재무관리)

(1) 기본서(Text Book) 및 참고자료
- Fundamentals of Financial Management, 8th edition, Eugene F. Brigham and Joel F. Houston(Dryden, 1998) Ch. 1, 9~14

- Quantitative Methods for Investment Analysis, Richard A. DeFusco, Dennis W. McLeavey, Jerald E. Pinto, and David E. Runkle(AIMR, 2001) Ch. 2

(2) LOS(Learning Outcome Statements)
- An Overview of Financial Management
- The Cost of Capital
- The Basics of Capital Budgeting
- Cash Flow Estimation and Other Topics in Capital Budgeting
- Risk Analysis and the Optimal Capital Budget
- Capital Structure and Leverage, including Appendix 13A
- Dividend Policy
- Discounted Cash Flow Applications

(3) 수험준비요령

〈재무관리(Corporate Finance)〉는 출제비중이 그다지 높지 않은 데다 Level Ⅱ부터는 출제되지 않는 과목이라 소홀하기 쉽다. 하지만 〈재무관리〉는 Asset Valuation의 나머지 과목들에 대한 총론적인 성격을 가지기 때문에 결코 무시할 수는 없다.

또한 〈재무관리〉는 기업의 재무의사결정 전반을 다루고 있기 때문에 경상계열을 전공하지 않은 수험생이 CFA 공부를 시작할 때 제일 먼저 정복하기에 적합한 과목이다. 즉, 주식분석, 채권분석, 파생금융상품 등의 과목보다 먼저 공부하는 것이 수월하다.

주요 시험범위는 자본비용, 자본예산, 현금흐름분석 및 자본구조, 레버리지, 배당정책 등이다.

시험문제는 실무보다 기본적인 이론 중심으로 전개되기 때문에 대학에서 〈재무관리〉 과목을 공부한 수험생이면 큰 어려움 없이 요약서로 준비해도 무방하다. 그러나 비전공자인 경우 〈재무관리〉는 주식, 채권분석, 파생금융상품 등과 밀접하게 연관되어는 기본과목의 성격을 가지기 때문에 가능하면 AIMR 추천 기본서인 《Fundamentals of Financial Management(Brigham & Houston)》으로 공부하는 것이 좋다.

6 Markets and Instruments & Alternative Investments(금융시장분석 & 대체투자상품)

(1) 기본서(Text Book) 및 참고자료

- Investment Analysis and Portfolio Management, 7th edition, Frank K. Reilly and Keith C. Brown(Dryden, 2000) Ch. 3, 4, 5
- 2004 CFA Level Ⅰ Candidate Readings(AIMR, 2001)
- International Investments 5th edition, Bruno Solnik and Dennis McLeavey(Addison Wesley, 2003)

(2) LOS(Learning Outcome Statements)

- Organization and Functioning of Securities Markets

- Security-Market Indicator Series
- Efficient Capital Markets
- Real Estate and Other Tangible Investments
- Professional Asset Management
- Venture Catalysts or Vulture Capitalists
- Venture Capital

(3) 수험준비요령

〈금융시장분석(Markets and Instruments)〉은 국제금융시장의 특성과 주식, 채권, 파생상품 이외 다양한 투자대안인 부동산이나 비유동자산의 투자에 대한 이해를 학습의 목표로 삼고 있다.

이 과목의 주요 학습과제는 주식 및 채권이 거래되는 증권시장의 기능 및 특성에 대한 이해이다. 주요 출제분야는 증권시장에 대한 주요기능 및 특성에 대한 이해, 증권시장의 주요 지표인 주식 및 채권의 주요 지수 대한 이해 및 효율적 자본시장가설(EMH)인 약형, 준강형, 강형시장의 개념 및 특성이다.

〈금융시장분석〉은 증권시장의 특성에 관련된 부분으로 요약서를 가지고 공부해도 충분한 과목이다. AIMR 추천 기본서는 《Investment Analysis and Portfolio Management(6th ed., Frank K. Reilly & Keith C. Brown)》이다.

〈대체투자상품(Alternative Investments)〉은 부동산의 가치평가 및 부동산투자신탁(REITs), 전문적인 펀드에 대한 자산의 평가와 관리, 벤처캐피탈리스트와 벤처캐피탈의 이해에 대한 부분이 출제된다. 이 부분은 요약서와 최근 3년간 기출문제(Old

Question Review)를 중심으로 공부한다면 큰 어려움없이 준비
할 수 있다.

7 Equity Investments(주식분석)

(1) 기본서(Text Book) 및 참고자료
  - Investment Analysis and Portfolio Management, 6th
    edition, Frank K. Reilly and Keith C. Brown(Dryden,
    2000) Ch. 11, 13~16
  - Quantitative Methods for Investment Analysis
    (DeFusco, McLeavey, Pinto & Runkle) Ch. 2

(2) LOS(Learning Outcome Statements)
  - An Introduction to Security Valuation
  - Stock-Market Analysis
  - Company Analysis and Stock Valuation
  - Technical Analysis
  - Discounted Cash Flow Applications
  - Industry Analysis
  - Introduction to price Multiples

(3) 수험준비요령
〈주식분석(Equity Investments)〉의 주요 출제부분은 배당할

인모형을 이용하여 주식가격을 평가하는 기초개념과 저평가된 (under value) 주식을 발굴하기 위한 주식시장의 기본적인 분석 이다. 그리고 해당기업에 속해 있는 산업에 대한 산업분석 및 최종적으로 해당기업의 주당순이익, 경제적 부가가치분석(EVA) 및 시장가치(MV)를 분석하는 부분에서 출제빈도가 빈번하다. 또한 이러한 전통적인 분석방법으로 기본적인 분석(펀드멘탈 분석)을 바탕으로 주식시장 내에서 기술적 분석을 병행하여 저평가된 주식을 선택하기 위한 부분이 있다.

AIMR 추천 기본서는 《Investment Analysis and Portfolio Management(6th ed., Frank K. Reilly & Keith C. Brown)》다.

비전공자일 경우에는 증권시장에 대한 용어가 생소하게 느껴질 수 있다. 그러나 어려움을 극복하기 위해 증권회사의 애널리스트가 만든 기업보고서를 수시로 읽고 각 경제신문의 증권면을 유심히 정리하면 이 과목에 나오는 용어들을 이해하는 데 많은 도움이 될 것이다.

8 Debt Investments(채권분석)

(1) 기본서(Text Book) 및 참고자료

- Fixed Income Analysis for the Chartered Financial Analyst Program, Frank J. Fabozzi(Frank J. Fabozzi Associates, 2000) Ch. 1~7
- Investment Analysis and portfolio Management 7th

edtion, Frank K. Reilly and Keith C. Brown(South-Westrn, 2003) Ch. 18

- Quantitative Methods for Investment Analysis, Richard A. DeFusco, Dennis W. McLeavey, Jerald E. Pinto, and David E. Runkle (AIMR, 2001) Ch. 2

(2) LOS(Learning Outcome Statements)

- Theories of the Term Structure of Interest Rates
- Features of Fixed Income Securities
- Risks Associated with Investing in Bonds
- Overview of Bond Sectors and Instruments
- Understanding Yield Spreads
- Introduction to the Valuation of Fixed Income Securities
- Yield Measures, Spot Rates, and Forward Rates
- Introduction to the Measurement of Interest Rate Risk
- Discounted Cash Flow Applications
- Band Fundamentals

(3) 수험준비요령

Asset Valuation 부분 중 공부하기 비교적 까다로운 부분에 속하면서 이론적인 부분보다는 실무 중심으로 출제되는 경향 때문에 주로 미국 중심의 채권시장에 대한 이해가 필수적이다.

또한 Level Ⅱ, Ⅲ로 올라갈수록 난이도와 출제비중이 높아지기 때문에 Level I 에서부터 철저히 대비해야 한다.

〈채권분석(Debt Investments)〉은 채권의 본질적 특성, 채권투자와 관련된 위험요소들, 채권수익률의 의의 및 수익률 결정방법, 채권가격 결정모형 등 채권분석에 관한 전반적인 내용들을 다루고 있다. 실제 투자대상에 있어서 주식과 채권이 핵심을 차지하듯이, 이 과목 역시 Asset Valuation 중에서 가장 큰 비중을 차지하고 있다.

다만 기본서인 《Fixed Income Analysis for the CFA Program(Fabozzi)》의 분량이 매우 많다는 점이 문제인데, AIMR Study Guide에서 유독 이 과목만은 LOS(Learning Outcome Statements)를 촘촘히 제시하고 있다는 점으로 미루어보면 이 과목을 요약집만으로 대체한다는 것은 사실상 불가능하다.

또한 위와 같은 AIMR의 방침은 Level Ⅱ에서도 그대로 지속되고 있으며, Level Ⅱ 부분에서 다루는 내용들의 대부분이 Level I 부분에서 설명한 기본지식들을 모두 이해하고 있음을 전제로 하고 있다. 따라서 이 과목은 다소 부담스럽더라도 반드시 기본서로 공부해야 한다.

9 Derivative Investments(파생금융상품)

(1) 기본서(Text Book) 및 참고자료
- Analysis of Derivatives for the CFA® Program, Don Chance(AIMR, 2003)

(2) LOS(Learning Outcome Statements)

- Derivatives Markets and Instruments
- Forward Markets and Contracts
- Futures Markets and Contracts
- Option Markets and Contracts
- Swap Markets and Contracts
- Risk Management Applications of Option Strategies

(3) 수험준비요령

〈파생금융상품(Derivative Investments)〉은 선물, 옵션, 스왑 등 파생상품의 기본개념 및 이를 이용해 환율, 유가, 이자율 변동에 대한 기업의 재무위험을 관리하는 기법을 주로 다루고 있다.

〈파생금융상품〉의 주요 출제분야는 선물시장의 전반적인 이해와 특성에 관한 기본적인 지식과, 옵션의 기본적인 이해와 가격결정에 대한 기본지식이다. 스왑의 출제경향도 스왑에 대한 기본적인 지식과 이자율, 스왑과 통화스왑에 대한 개념 수준을 넘어서진 않고 있다.

실제로 〈파생금융상품〉은 채권분석 및 경제학 과목과 서로 밀접히 관련되어 있기 때문에 Level I 에서부터 깊이있게 공부를 해둘 필요가 있다.

특히 이 과목의 기본서인 《Analysis of Derivatives for the CFA® Program(AIMR, 2003)》는 Level III 에 이르기까지 계속해서 기본서로 채택되어 있기 때문에 반드시 이 기본서로 수험준비를 해야 한다.

Level I 에서는 출제경향이 기본적인 지식만을 요구하는 데 그
치는 반면 Level II 와 III로 올라갈수록 채권분석과 마찬가지로 난
이도가 갑자기 높아진다는 것에 유념해야 한다. 이런 점으로 미
루어 볼 때 이 과목 역시 기본서로 공부를 해 두는 것이 장기적
관점에서 바람직하다.

10 Portfolio Management(포트폴리오)

(1) 기본서(Text Book) 및 참고자료

- Investment Analysis and Portfolio Management, 6th
  edition, Frank K. Reilly and Keith C. Brown(Dryden,
  2000) Ch. 1, 2, 7, 8

(2) LOS(Learning Outcome Statements)

- The Investment Setting
- The Asset Allocation Decision including Appendix
- An Introduction to Portfolio Management
- An Introduction to Asset Pricing Models

(3) 수험준비요령

〈포트폴리오(Portfolio Management)〉는 CFA Level I 시험에
서 5%의 출제비중을 차지한다. 그러나 Level II , III로 올라갈수록
비중이 늘어난다. 특히 Level III에서는 파생상품과 위험관리를 포

함하여, 그 출제비중이 전체의 60%를 차지하면서 가장 중요한 과목으로 대두된다.

〈포트폴리오〉의 주요 출제부분은 투자할 대상인 자산의 모임에 대한 고객의 선호대상에 따른 자산배분정책과, 의사결정에 관한 부분, 국제금융시장에서의 주식, 채권, 부동산, 기타 자산의 선택에 관한 전략, 포트폴리오의 기대수익률과 체계적 · 비체계적 위험에 관련된 선택이론, 자산의 위험과 수익률 사이의 가격결정에 관한 자본자산가격 결정모형(CAPM)에 관한 이해, 국제금융시장에서의 포트폴리오 전략에 관한 부분이다.

특히 포트폴리오 이론의 대부분은 위험과 수익률을 통한 자산배분에 관한 이론이기 때문에 평균, 분산, 공분산, 표준편차, 기대수익률 등의 통계학 개념이 상당히 많이 필요하다. 따라서 〈포트폴리오〉를 공부하기 전에 반드시 통계학을 먼저 공부해야 한다.

Asset Valuation 과목들과 포트폴리오의 공통된 AIMR 기본서는 《Investment Analysis and Portfolio Management(6th ed., Frank K. Reilly & Keith C. Brown)》이다. 이 교재는 Level Ⅱ 까지 Asset Valuation 부분에서 유용하게 쓰이는 교재이므로 요약서로 대체하기 힘든 부분은 이 기본서로 공부해야 할 것이다.

시험후기

벌써 많은 분들이 시험후기를 남겨주셨네요. 후기를 남겨주신 분들은 대부분 Level Ⅱ 응시생들이시고요. 다른 Level시험은 어떠했는지 궁금합니다. 시험문제를 누설하여서는 안 된다는 AIMR Bylaw를 어기지 않는 범위내에서 어제 시험을 되짚어보면 다음과 같습니다.

1. 시험장 분위기

우선 시험장 분위기를 말씀드리면, 코엑스 컨벤션센터에서 실시되었던 2000년 시험보다는 훨씬 좋은 분위기였다고 생각합니다. 입실과정도 작년보다 덜 깐깐했고, 세미나실이 제공되어서 오전오후 시험 직전에 공부도 편히 할 수 있었고. 거의 모든 면에서 2000년보다 낫지 않았나요? 감독관들 역시 차디차기만 했던 2000년에 비해 훨씬 인간미 넘치고 따뜻했다고 느꼈습니다.

2. 오전시험

아래 '셤본이' 님의 의견에 전적으로 동의합니다. 《Schweser》 등 요약집만 제대로 보아도 웬만큼은 소화할 수 있을 정도의 문제들이 출제되었다는 게 개인적인 생각입니다. AIMR 기본교재로 공부한 입장에서, 그간 쏟아부은 시간과 노력이 정말 아깝게 느껴지더군요.

① 출제과목 중 40%를 차지하는 Asset Valuation 부분에서는 주식분석이 대부분을 차지했고, 난이도도 고루 분포되었던 걸로 기억됩니다. 각종 Financial ratios들을 묻는 초반 부분 문제들은 비교적 쉬웠던 반면, 뒤로 갈수록 점점 난이도가 높아졌습니다. 다만 배점을 기준으로 한다면 난이도가 낮았던 문제들에 비해 난이도가 높았던 문제들의 배점이 상대적으로 높았던 점이 특기할 사항입니다.

② 〈채권분석〉은 서너 문제 정도가 출제되었는데, 문제가 너무 쉽지도 너무 어렵지도 않았던 걸로 기억됩니다. 배점도 그다지 높지 않았고요. 2001년 시험에서부터 Fabozzi 저 《Fixed Income Analysis》을 새로이 필독서에 추가시킨 후 이 책을 읽지 않고서는 감당할 수 없을 만큼 촘촘히 LOS를 적시하였던 AIMR의 태도에 비추어 보면 정말 어이가 없더군요.

③ 하지만 두 문제가 출제되었던 〈파생상품분석〉에 이르러서는 얘기가 전혀 달라집니다. 연분9등법에 따라 난이도를 '하하 – 하중 – 하상 – 중하 – 중중 – 중상 – 상하 – 상중 – 상상' 으로 구분하기로 한다면(난이도 평점은 주관적인 난이도가 아니라 《Schweser》 책만으로 커버가 가능한지 여부' 를 기준으로 한 객관적 난이도를 기준으로 하겠습니다), cost-of-carry strategy 부분을 풀 때만 해도 '하하' 하고 웃을 만 했는데, CIRCUS swap 문제의 난이도는 제 입장에서는 상상 이상이었습니다. 이 문제 풀 시간만 따로 한 시간 정도 주었으면 모를까. 요약집으로 공부하신 분들 걱정 안하셔도 됩니다. Kolb 책 봤어도 못푸는 문제

였거든요.

④ 〈포트폴리오〉는 예상범위 및 예상수준을 넘지 않았다는 점에서 비교적 평이했습니다. 2001년 새로이 LOS로 편입된 것으로 알고 있는 EMH 부분은 출제되지 않았고, 출제된 두 문제의 난이도 역시 수험생들에게 '중상'을 가할 정도에 못 미쳤던 것으로 기억됩니다.

3. 오후시험

오후 문제가 너무 쉬웠다는 분도 계신 반면, 오전 문제에 비해 훨씬 어려웠다는 분도 계십니다. 제가 볼 때 위 두 상반된 견해가 모두 수긍할 만합니다. 정확히 '중중'을 기준으로 평이한 곡선을 그렸다고 할 수 있는 오전시험의 난이도와는 달리 오후시험 문제들은 약간은 한쪽으로 치우쳤기 때문이 아니었나 싶거든요.

'합격'이라는 골문을 지킬 '수비라인'이라고 할 수 있는 쉬운 문제들의 비중이 그다지 두텁게 구축되지 않았다는 면에서 보면 오후문제가 안 쉬웠다는 분의 주장이 수긍이 가고, 당락과 비교적 큰 연결성을 가진다고 할 수 있는 높은 난이도의 문제들 역시 별로 없었다는 점에 비추어 보면 오후문제가 쉬웠다는 분의 주장이 납득할 만합니다. 결론부터 말씀드리자면, 그다지 어려운 문제는 별로 없었지만 그렇다고 해서 쉬운 문제는 더더욱 없었다는 점입니다.

① 〈투자윤리〉는 제 전략과목이었음에도 불구하고 주관적인 관점에서조차 '하' 계열로 분류할 문제는 그다지 많지 않았던 것으로 기억합니다. 군데군데 파놓은 함정도 몇 군데 엿보였고요. 특히 이 과목의 출제 방식을 감히 평가하자면, 구체적인 행위가 어떠한 규정과 적절한 것인

지를 묻지 않은 채 막연히 죄가 인정되냐 아니냐만을 묻는 문제가 반복되었다는 점에서 정말 허접하기 그지없더군요.

② 〈통계학〉은 두 배너 모두 외견상으로는 ANOVA table이 주어졌지만 실제 출제된 문제는 《Schweser》의 end of chapter 부분 문제들 같은 단순 계산문제의 차원을 넘어 통계분석의 기본 마인드를 테스트하는 수준높은 문제들이 출제되었습니다. 하지만 난이도만을 놓고 본다면 〈투자윤리〉와 마찬가지로 '중중' 내지 '중상' 정도의 수준이 아니었나 싶습니다.

③ 〈경제학〉은 첫번째 배너하에 주어진 문제들 역시 단순계산 위주의 《Schweser》 문제들의 수준을 뛰어넘어, 주어진 forward rate를 토대로 구체적인 투자전략을 꼼꼼히 묻는 문제들이 출제되었습니다. '중중' 내지 '중상' 입니다. 두번째 배너하에 주어진 문제들은 보다 까다롭지 않던가요? 앞부분 서너 문제는 《Schweser》 책으로도 커버가 되었을 것으로 생각되지만, 뒷부분 계산문제 하나는 도저히 못 풀겠더군요. '중중' 내지 '상상' 입니다.

④ 〈재무제표분석〉은 응시생들 사이에 제일 화제가 되고 있는 과목입니다. www.dennisdugan.com 같은 사이트 게시판에도 이 과목이 집중포화를 맞고 있더군요. Quality of Earning, Temporal vs. All-current, Purchase vs. Pooling, Adjusted F/S 이 네 부분에서 각 6문제씩이 출제되었는데요, 제 개인적인 생각으로는 회계관련 지식이 풍부하신 분들이나 WSF 책으로 이 과목을 준비한 분들에게는 문제들이 비교적 평이하게 느껴진 반면 회계에 관한 기초지식없이 《Schweser》 책으로만 이 과목을 준비하신 분들에게는 문제들이 조금은 버거운 면

도 있었으리라 생각됩니다. '중중' 내지 '상중' 입니다.

4. 시험시간에 관한 논의

이제까지는 각 과목별로 '난이도' 만을 제 후기의 주요 토픽으로 삼았지만, 이 점 못지않게 중요한 토픽은 바로 '답안작성 시간이 풍부했는지 여부' 가 아닌가 싶습니다.

사실 저 역시 오후시험은 시간이 남았지만 오전시험은 문제를 다 못풀었습니다. ROE 계산문제 하나 툭 던져놓고 3분 내로 풀라고 하는데, 풀이과정을 적시해야 한다는 강박관념 때문에 답을 다 써놓고 나니 3분은커녕 5분이 훌쩍 넘어갔더라구요. 1번 문제 풀고 나서 초과시켜버린 10여 분. 늘어나면 늘어났지 추격하기가 정말 힘들더군요. 오전시험이 어려웠다고 하시는 수험생들 역시 바로 저처럼 시간조절에 실패했기 때문이 아닌가 싶습니다. 시간분배 문제 때문에 저처럼 마음 상하신 분들 많으신 걸로 압니다. 실전 모의고사를 안 풀어본 게 후회가 많이 되더라구요. 혹시 이번에 Level I 시험을 보신 분께서 이 글을 보시면 시간분배에 정말 신경 많이 쓰세요.

5. 마무리

① 이번 시험에서 특히 주목할 만한 점은, 뒤로 갈수록 문제가 어려워졌다는 점과 어려운 문제일수록 배점이 높았다는 점으로 요약할 수 있습니다. 특히 Item set 문제들과 관련해서는 《Schweser》 객관식 문제만 가지고는 커버할 수 없는, 기초적인 지식을 묻는 문제들이 많이 출제되었습니다. 앞으로 Level II 시험 준비하실 분들은 이 점을 유념하시기 바랍니다.

② 이렇든 저렇든 시험은 끝났고, 잘 쳤든 못 쳤든 마음은 홀가분하네요.

이번 시험에 대한 개인적 소감, 그냥 한마디로 마무리하고 끝낼까 합니다.
"난이도 자체는 견딜 만한 수준이었다. 하지만 정작 관건은 시간관리였다!"

퍼펙트 합격을 위한 Q & A

＜CFA 7

Q₁ CFA시험은 언제 시행되며, 시험신청은 언제 해야 합니까? 그리고 응시하는 데 돈이 드나요?

A CFA시험은 미국기준으로 매년 6월 첫째 주 토요일(Level Ⅰ은 2003년부터 12월에도 시험실시)에 실시되며, 국내기준으로는 매년 6월 첫째 주 일요일에 치릅니다.

2004년의 경우 국내에서는 6월 6일(일)에 CFA시험이 실시되고 시험장소는 매년 초에 공시됩니다. 시험장소는 매년 AIMR에서 지정한 장소에서 이루어지는데, 2000년은 코엑스(무역전시관)에서, 2003년은 고려대학교에서 5,000여 명이 지원한 가운데 실시되었습니다.

시험신청은 빨리하면 빨리 할수록 비용이 줄어들기 때문에 빨리 신청하는 것이 유리합니다.

CFA시험에 응시하기 위해서는 등록비용과 응시비용을 부담해야 합니다. 등록비용(Registration Fee)은 CFA시험에 처음 응시하는 사람에게만 해당되는 것으로 한번 납부하게 되면 7년(최장

유효기간) 동안 다시 납부할 필요가 없습니다. 응시비용
(Enrollment Fee)은 Level Ⅰ, Ⅱ, Ⅲ차 시험에 응시할 때마다 매
년 납부하여야 하는데, 등록비용과 응시비용은 AIMR에서 지정
한 등록일정에 따라 원서를 일찍 제출할수록 비용이 저렴하기 때
문에 원서 제출시기에 유념하여야 합니다.

그러나 등록비용의 경우에도 시험등록 후 3년간 Level Ⅰ 시험
에 응시하지 않았거나 최장 유효기간인 7년 동안 최종적으로
Level Ⅲ 시험에 합격하지 못하면 재등록(Reregistration)을 해야
만 합니다.

2004년 CFA 시험등록 및 응시비용

구 분	~ 2003년 9월15일	~ 2003년 12월15일	~ 2004년 3월15일
등록비(Registration fee)	$250	$375	$450
응시비용(Enrollment fee)	$350	$425	$650
총비용(Total fee)	$600	$800	$1,100

(6월 시험 기준)

Q₂ 시험결과는 언제 받아볼 수 있나요?

A 시험결과는 공식적으로는 시험일 이후 90일 이내에 우편이
나 AIMR 홈페이지(www.aimr.org)를 통해 온라인으로도 확인
할 수 있습니다.

　　온라인을 통한 시험결과 확인은 Level Ⅰ의 경우는 7월 중순경, Level Ⅱ, Ⅲ의 경우는 8월 중순경에 확인할 수 있습니다. 참고로 AIMR 홈페이지에서의 2003년 합격자 발표는 Level Ⅰ의 경우 7월 17일에 발표되었으며, Level Ⅱ, Ⅲ의 경우 8월 12일에 발표되었습니다.

　　온라인상에서의 합격자 확인방법은 AIMR(www.aimr.org) 사이트에서 'Candidate Services'로 들어간 후 등록(User name, Password 등록)해야 하는데, 이때 본인의 'Candidate Number'를 반드시 입력해야 하기 때문에 ID를 분실했을 경우 'info@aimr.org'에 메일을 보내면 본인의 'Candidate Number'를 받을 수 있습니다.

Q₃ 만약 제가 CFA시험 응시자라면, 당연히 AIMR 회원이 되는 것인가요?

A 시험에 응시한다고 해서 AIMR 회원이 되는 것은 아닙니다. Level Ⅱ까지 합격하고 난 후에야 회원이 될 수 있습니다. AIMR에서는 Level Ⅱ를 통과한 후 Level Ⅲ를 등록할 때 AIMR에서 응시자에게 AIMR과 AIMR단체에 지원하라고 재촉할 것입니다. Level Ⅲ를 통과하고 난 후 CFA Charter를 얻고자 할 경우에는 우선 AIMR에 회원가입을 해야 합니다. 회원에 가입을 하면 Level Ⅲ에 합격한 후 Charter를 받는 일에 어려움이 없을 것입니다.

Q₄ CFA시험에 응시하려면 3년간의 실무경력이 필요합니까?

A 시험응시 조건에 3년간의 실무경력이 있는 것이 아닙니다. 그러나 이후에라도 CFA Charter를 얻기 위해서는 반드시 3년간의 실무경력이 필요합니다. 이러한 실무경력은 Level Ⅲ에 합격한 이후에도 쌓을 수 있으며, 그 이전이라도 3년간의 실무경력을 충족시킨다면 Charter를 얻을 수 있습니다. 그러나 Level Ⅲ를 통과할 때까지 실무경력을 충족시키지 못했다면 AIMR에서는 36개월 경험요건을 만족시켰음을 확인할 때까지는 CFA Charter를 받을 수 없습니다.

Q₅ 7년 동안 CFA 프로그램을 마치지 못하면 어떻게 되나요?

A 7년 동안 CFA프로그램을 마치지 못할 경우에는 차기년도의 시험등록을 위해 등록비용을 다시 지불하여야 합니다.

즉, 7년 동안 전과정을 통과하지 못할 경우 응시비용과 등록비용을 함께 지불하면서 다시 재등록을 하여야 합니다. 그러나 AIMR의 재등록 규칙에 따라 재등록하는 응시자들은 이전에 통과한 시험을 다시 치를 필요는 없습니다. 단지 7년 안에 Level Ⅲ까지 합격하지 못할 경우 8년차에 등록 및 응시비용을 다시 지불해야 한다는 것 뿐입니다.

예를 든다면, 6년차에 Level Ⅱ까지 합격한 후 7년차에 Level Ⅲ에 불합격했다면 8년차에는 응시비용과 등록비용을 지불한 후 Level Ⅲ만 응시하면 됩니다.

Q6 CFA시험에 등록하기를 원할 때, 만약 실무경력이 CFA Charter 요건에 충족하지 못하게 되면 어떻게 해야 하나요?

A CFA Charter를 얻기 위한 실무경력은 Level Ⅲ 시험에 응시할 때 AIMR에서 다시 살펴보게 됩니다. CFA시험에 응시하는 분들께서는 가능한 한 CFA 프로그램에 적합한 요건을 갖출 수 있도록 맞추어야 합니다.

Q7 당사자의 허락을 받았다면 AIMR에서는 다른 사람의 응시지원 서류 및 정보에 대해 알려줄 수 있습니까?

A AIMR에서는 응시자 정보를 공개하지 않습니다.

응시자 정보는 AIMR 개인정보정책에 의해서 타인에게 공개되지 않습니다.

Q8 CFA시험 응시자격기준에 보면 "학사학위에 준하는 경력을 가진 자"라고 되어 있는데, 구체적으로 어떤 경력인지 궁금합니다.

CFA시험이 국내에서 실시하는 여러 자격시험제도와 다른 점은 Level Ⅲ까지 시험을 통과하고 난 후 CFA Charter가 바로 나오지 않는다는 것입니다.

CFA Charter를 얻기 위해서는 Level Ⅲ까지 시험을 통과한 사람들 중 3년간의 실무경력에 대한 AIMR의 심사를 거칩니다. 즉 증권, 금융, 일반 기업체의 자금, 재무, 기획 등의 분야에서의 3년간 실무경력이 필요합니다. 따라서 AIMR에서 인정하는 학사학위에 준하는 경력이란 위의 실무경력을 말하는 것입니다. 그리고 이러한 실무경력도 반드시 경력증명서를 AIMR에 의뢰한 후 자격이 된다는 답장을 받아야만 시험을 볼 수 있습니다.

Q9 대학교 3학년에 재학중인 학생입니다. CFA시험에 응시가 가능한지 궁금합니다.

만약 시험 당해년도 12월 31일까지 졸업 또는 졸업학점 이수증명서의 제출이 가능하다면 응시가 가능합니다.

CFA시험 응시자격은 4년제 대학졸업(예정자) 또는 그와 동등자격을 가진 자로서, 졸업예정자는 시험응시 당해년도 12월 31일까지 졸업이 가능한 자로 AIMR에서 응시자격을 제한하고 있습니다. 따라서 2004년 CFA시험에 응시하는 졸업예정자는 2004년 12월 31일까지 졸업하거나 졸업학점 이수를 증명할 수 있어야 합니다. 졸업예정자일 경우 AIMR에서는 합격자 발표시 졸업증명서를 팩스나 우편으로 요구하는 등 엄격히 관리하고 있습니다.

Q10 CFA 시험장에서는 반드시 지정된 계산기만 사용할 수 있나요?

A 네, 지정된 계산기 외에는 시험장에 갖고 들어갈 수 없습니다. AIMR에서 발표한 계산기 규정에 의하면 시험 당일 사용할 수 있는 계산기는 Texas Instrument사의 'BAⅡPlus'와 Hewlett Packard사의 'HP12C' 두 기종뿐입니다. 시험장에 들어가기 전에는 반드시 계산기의 건전지를 교환하는 것이 시험중 계산기가 작동하지 않아 난처해지는 상황을 피할 수 있습니다.

Q11 CFA 시험장에서 필요한 준비물은 어떤 것입니까?

A 수험표(Admission Tickets)와 신분증(주민등록증, 운전면허증, 여권 등)은 반드시 지참해야 합니다.

그리고 원활한 시험을 위해 연필(No.2 HB), 흑색·청색 볼펜, 지우개(수정액은 불허) 등을 준비하여 시험장에 입실하여야 합니다.

Q12 수험표(Admission Tickets)는 언제 받을 수 있습니까?

A 수험표(Admission Tickets)는 매년 시험 당해연도의 4월 중순경에 시험에 응시한 분들에게 우편으로 전달됩니다.

2001년부터는 AIMR에서 보내는 우편발송이나 AIMR 홈페이지를 통해 수험표를 다운받을 수 있습니다. AIMR 홈페이지를 통해 수험표를 받을 경우 www.aimr.org에서 'Candidate Service'를 선택하고 'Candidate Number' 등 몇가지 인적사항을 입력하면 홈페이지 회원으로 가입하게 됩니다. 홈페이지 회원이 되어야만 수험표를 다운받을 수 있습니다.

Q13 수험표를 분실하였을 경우에는 어떻게 해야 하나요?

A 'info@aimr.org'에 메일을 보내면 수험표(Admission Tickets)를 다시 발부받을 수 있습니다. 메일을 보낼 때는 다음 사항을 작성해 보내면 AIMR에서 수험표를 메일로 보내줄 것입니다.

적어야 할 사항은 'Candidate Number', 'First & Last Name', 'Country of Residence Code' 입니다. 또한 전화(800-247-8132)나 팩스(804-951-5262)로 문의해도 친절하게 알려줄 것입니다.

Q 14 CFA시험 합격률과 응시자 수는 어느 정도입니까?

A 　매년 CFA시험의 합격률은 각 Level별로 차이가 있습니다. 1963년 이후 평균합격률은 Level Ⅰ의 경우 57%, Level Ⅱ는 60%, Level Ⅲ는 68%입니다.

　CFA시험은 국내의 자격시험과는 상당히 많은 차이점이 있습니다. 자격을 얻기 위해 최소 3년간에 거쳐 Level Ⅲ까지 합격하여야 하며, 합격 후 3년간의 실무경력에 따라 자격을 받을 수 있는 것이 가장 큰 특징입니다. 이러한 이유로 인해 수험생의 구성을 보면 현업에서의 필요성으로 시험을 준비하는 분들이 대부분입니다.

　시험 응시자수는 매년 증가하고 있습니다. 전세계적으로 2003년 기준 129,108여 명이 등록하여 101,787여 명이 시험에 응시하였습니다. 우리나라의 경우 2003년에는 5,000여 명이 지원하여 3,000여 명이 시험에 응시하였습니다. 등록자와 응시자의 차이는 평균 약 20~30% 내외의 결시율을 나타내고 있습니다. 참고로 2003년 우리나라 Level Ⅲ 합격자는 129명이었습니다.

Q 15 CFA시험의 합격기준은 어떻게 정해집니까?

A 　CFA시험의 합격기준은 상대평가와 절대평가를 혼용한 방

법으로 결정됩니다. 합격 기준점은 응시자의 상위 1%에 해당하는 평균점수를 먼저 산정하게 됩니다. 이러한 응시자 상위 1% 평균점수의 70%에 해당되는 점수가 합격기준점으로 결정됩니다.

예를 들면 100점 만점을 기준으로 응시자의 상위 1%가 평균 90점을 맞았다면 90 × 0.7(70%) = 63점이 합격 기준점이 되며, 상위 1%의 점수가 88점이라면 88 × 0.7 = 61.6점이 합격 기준점이 됩니다. 즉, 합격 기준점이 61.6점이라면 61.6점 이상 맞은 사람은 CFA시험에 합격되고 그 이하의 사람은 불합격 처리된다는 것입니다.

Q16 CFA시험에 필요한 영어능력은 어느 정도입니까?

A CFA시험은 영어능력이 우수한 사람이 그렇지 않은 사람보다 합격하기 쉬운 것은 사실입니다. 시험문제 자체가 영어로 출제되기 때문에 영어를 잘한다는 것은 그렇지 못한 분들보다는 훨씬 유리하다고 할 수 있습니다. 그러나 영어능력이 시험에 있어 절대적인 것은 아닙니다.

CFA시험을 위한 영어능력은 대학에서 공부했던 수준의 독해능력과 기본적인 작문 능력만 갖추면 됩니다. 즉, CFA시험을 준비하는 과정에서 기본서(Text Book)와 요약집을 읽고, 스터디그룹 및 교육기관 등에서 강의를 듣고 문제를 풀다 보면 자연스럽게 시험을 볼 수 있을 정도의 영어능력을 갖추게 될 것입니다.

그러나 반복적으로 꾸준히 시험공부를 한다는 가정하에서 가능한 것입니다. CFA시험에서 영어 자체가 절대적이라고는 할 수 없지만 영어능력이 부족하다면 시험준비를 하는 데 상당한 어려움에 부딪칠 것이므로 수험준비를 체계적으로 꾸준히 준비해야 합니다.

Q17 CFA시험의 출제경향이 매년 바뀌지 않습니까?

A 네, CFA시험의 출제경향은 매년 5~10% 정도 변경됩니다.

CFA시험의 출제경향은 CFA시험 주관기관인 AIMR에서 매년 9월경에 발표되는 차기년도 LOS(Learning Outcome Statements)에 의해 결정됩니다. 전체적으로 매년 약 10% 내외에서 출제경향이 변경됩니다.

시험준비를 할 경우에는 당해년도 교재를 기준으로 시험을 준비하고 차기년도 기준의 LOS에 따라 바뀐 부분만 공부해도 무방합니다.

Q18 현재 금융기관에 다니고 있는 비경상계열 전공자입니다. CFA시험을 준비하려는 데 얼마 정도의 수험 준비기간이 필요합니까?

A 개인에 따라 약간 다르겠지만 평균적으로 350~450시간 정도 집중적으로 투자해야 합니다.

AIMR의 공식자료에 의하면 전세계 Level I 합격생들의 평균 수험 준비기간을 약 250시간(주당 10~15시간, 18주)으로 발표하고 있습니다. 하지만 이 통계치는 영어권 국가들의 통계치를 나타내는 것입니다. 따라서 우리나라와 같은 비영어권 국가의 수험생들의 수험 준비기간은 평균 20% 이상 더 할애해야 할 것입니다.

또한 각 단계별로 Level이 올라가면서 시험의 난이도가 높아지기 때문에 기본서(Text Book) 중심의 심도있는 준비를 위해서는 AIMR에서 발표한 전세계 평균 수험 준비기간보다는 최소 20% 이상 시간을 투자해야 합니다. 각 Level별로 최소 300~350(주당 12~18시간, 7개월)시간 정도는 준비해야 하며, 특히 경상계열 이외 전공자라면 평균 350~450시간 이상 집중적으로 투자해야 할 것입니다.

따라서 CFA시험을 준비하기 위해서는 일상생활을 최대한 단순화시키고 주말과 여유시간을 집중적으로 투자하는 노력이 필요할 것입니다.

Q19 AICPA시험에서는 회계학 관련 과목을 이수해야 하는 것으로 알고 있는데, CFA시험에서도 이수과목이 있나요?

A CFA시험에서는 AICPA와 같이 학점이수에 관한 규정이 없습니다. 그러나 CFA시험에 대한 응시자격 요건은 있습니다. 응시자격은 4년제 대학졸업(예정자) 또는 그와 동등한 자격을 가진 자입니다. 졸업예정자는 시험응시 당해년도 12월 31일까지 졸업

이 가능한 자로 AIMR에서 응시자격을 제한하고 있습니다. 따라서 2004년 CFA시험에 응시하는 졸업예정자는 2003년 12월 31일까지 졸업 또는 졸업학점 이수증명서를 제출하여야만 CFA시험에 응시할 수 있습니다.

Q 20 CFA시험용 지정교재(Text Book)는 전부 다 구입을 해야 하나요? 그렇다면 어디에서 구입할 수 있나요?

A CFA시험용 지정교재(Text Book)는 전부 다 구입할 필요는 없습니다.

CFA시험을 주관하는 AIMR에서는 매년 9월경에 CFA시험을 위한 지정교재(Text Book)와 차기년도 각 Level별 Study Guide를 발표합니다.

AIMR에서 지정한 기본서(Text Book)는 Level Ⅰ의 경우 10권이 넘으며, 이러한 교재를 AIMR을 통해 전부 구입할 경우 운송비를 포함하여 700달러가 넘기 때문에 비용이 큰 부담이 될 것입니다.

그러나 CFA 시험범위는 AIMR에서 지정된 교재 한 권 전체가 아니라 5~10개의 Chapter가 시험범위에 해당되기 때문에, LOS(Learning Outcome Statements)에 따라 공부를 하는 것이 CFA시험에 효과적으로 대비할 수 있습니다.

Level Ⅰ의 경우 《Stalla》, 《Schweser》, 《Allen Resources》와 같은 요약서를 잘 활용한다면 큰 어려움 없이 시험준비를 할 수 있을 것입니다.

그러나 Level Ⅱ, Ⅲ으로 올라갈수록 주어진 학습과제와 공부량 및 난이도가 높아지기 때문에 반드시 기본서(Text Book)를 구입하여 요약서와 병행하여 학습하는 것이 좋습니다.

CFA시험을 위한 기본서는 www. pbdbookstore.com에서 온라인 구매를 통해 구입할 수 있습니다. 또한 요약서는 www.stalla.com, www.allenresources.com, www.schweser.com에서 구매가 가능하며, 국내에서는 CFA 관련계산기와 기본서를 취급하는 Finance Book(주)(www.fufi.co.kr)를 통해 구입할 수도 있습니다.

Q 21 사정이 있어 2001년 시험에 결시했습니다. 그리고 3년간 해외파견근무가 결정되어 계속 시험을 못 치를 것 같습니다. 응시료를 돌려받을 수 있나요? 만약 돌려받지 못하면 4년 후 다시 응시할 때 처음에 냈던 응시료가 유효한가요?

A CFA시험에 응시하기 위해서는 등록비용과 응시비용을 부담하여야 합니다. 등록비용(Registration Fee)은 한 번 납부하게 되면 7년(최장 유효기간) 동안 다시 낼 필요가 없습니다. 응시비용(Enrollment Fee)은 Level Ⅰ, Ⅱ, Ⅲ 시험에 응시할 때마다 매년 납부해야 합니다. CFA 응시료 중에서 등록비용은 7년간 유효하며 한번 납부하면 환불되지 않습니다. 그러나 응시비용은 매년 납부하기 때문에 2004년 시험의 경우 시험일 기준 2일 전까지만

시험을 취소하면 $100를 제외하고 환불받을 수 있습니다.

시험등록을 할 경우 유의해야 할 점은 시험등록 후 3년간 Level Ⅰ 시험에 응시하지 않을 경우와 최장 유효기간인 7년 동안 최종적으로 Level Ⅲ 시험에 합격하지 못하면 재등록 (Reregistration)을 해야 합니다. 예를 들면 2000년에 Level Ⅰ 응시 후 여러가지 사유로 시험에 응시하지 않고 다시 2004년에 응시할 경우 등록비용과 응시비용을 함께 지불해야 시험을 볼 수 있습니다. 즉 4년 후 다시 응시할 경우에는 처음 냈던 응시료는 유효하지 않습니다.

Q 22 Level Ⅱ, Level Ⅲ의 시험일정은 Level Ⅰ과 같은 날인가요?

A 네, CFA시험은 각 Level별로 동시에 같은 날 시험을 치르게 됩니다. CFA 시험일정은 미국기준으로 매년 6월 첫째주 토요일에 보게 되며, 아시아 및 오세아니아 지역은 6월 첫째주 일요일에 실시됩니다.

한편, 2003년부터 Level Ⅰ 시험은 매년 6월과 12월, 두 차례 실시됩니다.

Q23 은행이나 증권사와 같은 금융기관에 취업하고 싶습니다. 그럴 경우 요즘 각광받고 있는 CFA 자격증이 취업에 도움이 될까요?

A 결론적으로 말씀드리면, 증권·금융계통에 취업하기를 원하는 분들께서는 CFA시험이 서류전형이나 면접에 어느 정도 유리하게는 작용되지만 절대적이지는 않습니다. 취업을 위해서는 자격시험 합격 여부와는 관계없이 인성과 개인능력에 따라 좌우되는 경우가 많기 때문입니다. CFA의 주요 활동영역이 증권·금융기관에서 주식 및 채권분야의 애널리스트, 펀드매니저, 외환딜러, 브로커(주식, 선물, 옵션) 등의 증권·금융관련 계통의 전문가와 일반 기업체의 신규사업에 대한 경제성 평가 및 재무·기획관리전문가 등의 종사자이기 때문에 이러한 활동영역으로 진출하려는 학생들일 경우에는 CFA시험을 준비하는 과정에서 증권·금융계통으로 진출하기 위한 실무지식을 미리 준비할 수 있어서 유리하다고 할 수 있습니다.

Q24 2004년 2월 졸업예정인 대학 4학년생입니다. 2003년 12월 시험에 응시할 수 있을까요?

A CFA시험의 응시자격 기준을 보면 대학생은 시험 당해년도 9월 30일까지 졸업해야 하는 규정이 있습니다. 따라서 2004년 2월 졸업예정자는 2003년 12월 시험에 응시할 수 있습니다. 정확한 일정은 2002년 8월말 발표되는 2003년 CFA시험에 관한 〈Study Guide〉를 참고하시기 바랍니다.

[제8장]

나는 이렇게 합격했다!

1. 스스로를 업그레이드 하려는 이들의 선택

2. 출산과 육아의 고통 속에서도 나는 해냈다!

3. 금융업계에서 일하려면 반드시 따라

4. 삶과 경력의 강력한 도화선

5. 노력에 대한 보상은 반드시 온다

스스로를 업그레이드 하려는 이들의 선택

곽의영(남)

CFA
2001년 Level 3 합격
LG투신 채권펀드매니저
연세대 경제학과 졸

1. 내가 CFA 프로그램에 도전하게 된 이유

지난 1998년, 대우증권 채권부에서 원화 및 해외채권중개 업무를 하고 있었다. 당시에 대우증권은 지원자에 한해서 모 학원과의 위탁교육을 통해 CFA 프로그램을 운영하고 있었다. CFA에 대한 인식은 지금보다 훨씬 부족했었고 대부분의 직원들은 프로그램에 참여할 특별한 이유를 찾지 못했다.

나보다 1년 먼저 시작한 선배 직원과 많은 이야기를 나눈 뒤 시험을 준비하기로 했다. 실제로 그것은 시험을 준비한다기보다 새로운 세상에 첫발을 내딛는 것이었고 현업에 몸담고 있는 동안 느껴왔던 이론적, 지식적 결여에 대한 절실한 요구였을 것이다. CFA 프로그램을 보는 순간 이 시험이 금융업과 관련된 기초지식과 실무에 많은 도움을 줄 수 있을 것이라는 확신이 들었기 때문이다.

2. 나의 CFA 공부방법

Level Ⅰ 시험은 혼자서, Level Ⅱ, Ⅲ는 학원을 다니면서 준비했다. 특히 Level Ⅱ, Ⅲ는 직업을 바꾸는 과정에서 준비했기 때문에 더 힘들었던 것 같다. 시험준비 과정에서 느낀 몇가지 사항들을 말해보면,

① 세 번의 과정을 통틀어서 자신만의 서브노트를 정리하고 반복학습해야 한다. 정리 → 반복 → 체화의 과정은 이 시험이 추구하는 기본 목표인 것 같다.

② 매일 일정시간을 할애해야 하지만 현업에 바쁜 직장인의 속성상 주말을 잘 활용하는 것이 매우 중요하다. 사실 말이 주말을 이용해 공부를 한다는 것이지 이것은 너무 힘든 일이었다. 그러나 할 수 없지 않은가.

③ LOS 위주로 정리해야 한다.

④ Candidate reading은 시험준비 전에 꼭 한번 읽어 보고, 시험에 있어서 중요한 변경사항이나 시험과 관련된 필수사항들을 반드시 체크해야 한다.

⑤ 내용을 대충 이해해서는 안 된다. 지속적으로 반복학습해야 한다. 시험에 합격을 해야 한다는 눈앞의 목표뿐 아니라 현업에 그대로 적용된다는 절박감을 갖고 충분히 숙지되도록 반복해야 한다.

⑥ 제일 어려운 부분은 Ethics이었던 것 같다. 실제로 이 부분 점수가 매번 제일 낮게 나왔다. 그러나, Ethics점수가 낮다고 해서 시험에 실패하는 것은 아니다. Ethics는 사례 위주로 이해하는 것이 중요하다.

⑦ Level I을 열심히 하는 것이 제일 중요한 것 같다. 《Schweser note》등 학습교재나 학원 수업만으로 충분히 합격할 수 있다. 다만 비슷한 문제를 계속 풀어봄으로써 실제 시험에서 문제를 신속히 풀 수 있는 준비를 해야 한다. Level I의 실제 시험에서는 1문제당 할당된 시간이 짧다. 고민하고 문제를 풀 수가 없다. 문제를 읽고 나서 바로 풀 수 있어야 한다.

⑧ Level II에서는 키워드 정리 및 단문을 영역해서 정리해 두어야 한다. 단순히 시험에 합격하기 위해서라면 original text까지 볼 필요는 없겠지만 가급적이면 일정 부분은 보는 게 좋을 것 같다. Level II에서는 기본적인 내용 암기보다는 이해, 응용능력이 테스트될 것이다.

⑨ Level III에서는 거의 전과목을 original text 위주로 정리했다. 실제로 《Schweser note》등의 요약서들은 일부 과목에서는 너무 축약되어 있다. 특히 2001년 시험부터 객관식이 출제되었는데 이들 과목은 《Schweser note》가 너무 축약되어 있다는 느낌이었다.

3. CFA를 준비하는 분들에게

CFA시험은 'brightness'를 측정하는 시험이 아니라고들 한다. 나 역시 이 말에 전적으로 동의한다. 이 시험은 'diligence'를 측정하는 것이다. 규칙적으로 일정시간 시험에 할애해야 하고 반복학습을 요구받는다. 반복학습 및 체화를 통해 배운 내용을 현업에 써먹을 수 있어야 하는 것이 이 시험의 근본 취지이기 때문이다.

CFA시험이 모든 것을 보장하지는 않는다. CFA는 CPA와 달리 certified가 아닌 것이다. CFA가 되었다고 해서 업무를 소홀히 한다거나 현업에서 성과가 좋지 못하다면 전혀 의미가 없다. 그러나 CFA가 성과가 좋다면 분명히 상승효과가 있을 것이다.

CFA시험은 모든 Level을 통과했다고 해서 완성되는 것은 아니다. CFA 프로그램은 끊임없는 교육을 통해 CFA들이 이 자격증을 보유하고 있는 동안 계속 교육받을 것을 요구하고 있다. 이것이 다른 자격시험과 비교될 수 없는, 그리고 다른 시험에 비해 인정받을 수밖에 없는 이유인 것이다.

CFA시험은 3년만에 끝낼 수 있으나 그 이후에도 현업에서는 꾸준히 테스트 받아야 할 것이다. 그럼에도 불구하고 이 CFA 프로그램은 참여자들에게 새로운 세계로 인도해 줄 것이라 믿는다. 아무쪼록 열심히 준비하여 새로운 세계로 발을 내딛길 바란다.

출산과 육아의 고통 속에서도 나는 해냈다!

유유정(여)

2001년 Level 2 합격
전 제일은행 국제금융부/
현 한국ECN증권 경영기획팀
이화여대 경제학과 졸

1998년 10월 학교 졸업 후 근 5년 동안 다니던 은행을 그만두었다. 첫번째 이유는 명예퇴직금을 많이 준다기에, 두번째 이유는 더 나이들기 전에 어학연수를 가고 싶어서였다. 퇴직하고 이틀 후에 곧바로 뉴욕으로 떠났던 나는 그러나 개인적인 사정으로 2개월만에 돌아왔다. 은행을 그만 두었던 것이 잠시 후회되기도 했다.

그 후 결혼을 하였고 새로 문을 연 투자자문사에서 외환트레이더로 일하게 되었다. 직장을 다시 얻긴 하였지만 예전에 은행에 다닐 때와는 느낌이 많이 달랐다. 내가 다녔던 은행은 워낙 큰 조직인 데다 1주일에 한번씩 연수가 있었고, 가끔 보내 주는 해외연수도 있어서 직장이라기보다는 마치 학교에 다니는 기분이었다.

은행을 나오니 마치 울타리를 하나 잃은 것 같은 느낌이었고 새로운 직장에서도 주로 나혼자 판단하고 결정하는 일을 하다 보니 자칫 잘못하면 곧장 짤려(?) 버릴 수도 있는 살벌한 분위기였다. 남들이 말하는 가방줄이 긴 것도 아니고 딱히 내보일 만한 자격증도 없고 이쪽 분야에서 살아남을 자신감이 점점 사라지기 시작했다. 그리고 같이 퇴직했던 친구 하나는 MBA를 준비한다고 하고 은행에 계속 남아 있던 친구 하나는 AICPA를 준비한다고 하니 나도 모르게 질투심이 피어 올랐다.

그러던 중 출근길에 경제신문을 보고 있는데 조그마한 박스에 이런 기사가 실렸다. '삼성화재 직원 2명 CFA Ⅲ차 합격. 주위의 부러움 사'. 도대체 CFA가 뭔데 그렇게 부러워하지? 기사를 좀 더 읽어보니 당시 CFA 자격증을 소지한 사람이 우리나라에는 30여 명 밖에 없다는 것이다. 내가 도전할 만한 무언가를 찾은 느낌이었다. 막상 해보겠다고 마음은 먹었지만 도무지 3년을 공부할 자신이 생기지 않았다. 결혼했으니 애도 낳아야지 직장은 직장대로 다니지. 흠~ 할까 말까? 그 기사를 본 게 1999년 9월이었는데 11월 중순쯤 되니 신문에 CFA세미나 광고가 몇몇 실렸다. 수업료가 좀 비싸긴 한데… 까짓 한번 해보지 뭐 하는 생각이 들었다.

이렇게 해서 그 해 12월부터 나는 학원에 다니기 시작했다. 다행히도 회사는 압구정동, 학원은 경복궁, 집은 홍은동. 지하철 3호선 하나로 연결되는 편리한 교통시스템이었다. 이왕 시작한 거 잘 해보기로 마음 먹었다. 퇴근이 좀 일러서 수업은 7시부터인데 6시가 조금 넘으면 학원에 도착했다. 가운데 맨 앞자리가 내 고정석이었다. 가장 잘 보이고 가장 잘 들리는 자리. 질문하기도 손쉬운 자리였다.

Level Ⅰ 시험준비 초반에는 주로 수업 위주로 따라갔고 별다른 예·복습은 하지 않았다. 본격적인 준비는 시험 3개월 전부터 시작하였는데 퇴근하면 집에 가는 길에 있는 도서관으로 곧장 가

과목별로 정리하였다. Level I 시험 당일에는 아셈회관의 그 넓고 북적이는 사람 속에서 기가 질리기도 했으나 무사히 시험을 잘 치루었고 같은 해 합격통지서도 받을 수 있었다.

Level II 시험준비는 다소 막막했다. 주관식 비중이 50%로 낮아지긴 했으나 여전히 영어로 에세이를 써야 한다는 사실은 꽤 부담스러웠다. 한편 Level I 시험을 치르고 얼마 지나지 않아 임신이라는 진단을 받았다. 입덧도 심하고 몸이 안 좋아서 회사까지 그만두었다. 이런 마당에 Level II를 할 수 있을까 다시 고민이 되었다. 더군다나 예정일은 3월, 시험은 6월, 몸조리하는 데 최소한 1개월, 게다가 육아부담까지.

자신이 없었지만 일단 신청서를 보냈다. 학원이 예년보다 빠른 10월에 시작해 나도 서둘러 시험준비를 하였다. 출산 전까지 열심히 미리 공부해 두자고 맘을 먹은 것이다. 그리고 나니 모든 것이 조급하게 생각되었다.

Level I 시험을 같이 준비했던 4명의 스터디멤버와 10월부터 스터디를 시작했다. 처음엔 원서 위주로 읽어나갔다. 강사님께서 Higgins의 《Analysis for Financial Management》만큼은 꼭 읽어보라고 추천해 우리는 이 책을 미리 읽고 와서 스터디에서는 요점정리를 하고 Chapter 뒤에 나온 문제를 위주로 풀어보았다. 1주일에 한번 일요일밖에 하지 않는 스터디라 처음부터 끝까지 다 볼 수는 없었고, 스터디가이드에 나와 있는 LOS 위주로 Chapter를 골라서 정리했다. 그러나 스터디멤버들이 시간이 아직 많이 남았다는 생각 때문이었는지 진도가 잘 나가지 않았고 별로 중요하지 않은 한가지 가지고 너무 시간을 오래 끌며 설전을 벌이기도 했다.

12월에는 스터디를 한 개 더 가입했다. 토요일 수업을 듣는 사람들의 모임이었는데 이미 스터디팀 구성이 끝나서 더이상 받지 않겠다고 하는 걸 observer(?)로 열심히 참석한 끝에 정식회원으로 가입이 됐다. 멤버가 11명이었던 토요 스터디팀은 토론 위주가 아니라 각자 맡은 과목을 혼자 공부해와 그걸 강의하는 식으로 진행되었다. 여기서도 역시 수업시간표와 진도를 같이 맞추어 갔기 때문에 수업 때 한 번, 일요스터디 때 한 번, 토요스터디 때 한 번 총 3번 같은 내용을 공부할 수 있었다. 또한 같은 내용이라도 학습방식이 다르기 때문에 다각도로 접근할 수 있었다. 제일 처음 시작했던 Equity는 그래서 나름대로 잘 정리를 해나가며 공부할 수 있었다.

문제는 채권이었다. Level I 에서 했던 내용과는 비교도 안 될 정도로 범위가 넓었고, 특히 전년도 Level II LOS보다 범위와 깊이가 훨씬 넓어지고 깊어졌다. 또 학원에서 채권을 강의했던 분이 수강생들을 너무 과대평가를 한 건지 기초적인 내용은 모두 생략하고 요점정리 식으로 강의를 해나가는 바람에 도무지 어떤 식으로 접근해야 하는지 감이 잡히지 않았다. 처음엔 나만 그런가 보다 싶었는데 다른 사람들과 얘기를 해보니 모두 공통적인 생각을 가지고 있었다.

모두 어렵다고 생각했던 채권, 나는 이 기회에 채권을 정복해보고자 하는 오기가 생겼다. 임신으로 인해 많이 힘들었던 초반에 비해 중반으로 넘어가면서 입덧도 줄고 몸도 괜찮아져 풀타임으로 공부할 수 있는 여건이 마련되었다. 9월에 경복궁역 근처로

이사를 했기 때문에 학원과 도서관에 다니기도 수월해졌다. 11월
부터 나는 아침 6시에 일어나 종로에 있는 영어학원에서 영어회
화를 1시간 듣고 곧장 종로도서관으로 가 채권공부를 하기 시작
했다. AIMR 교과서인 Fabozzi의 《Fixed Income for CFA》는 사
지 않고 대신 은행에 근무할 시절 샀던 Fabozzi의 《Bond
Markets, Analysis and Strategy》를 보았다. 부족한 내용들이 많
긴 했어도 기초적인 채권의 내용을 이해하는 데는 크게 문제되지
않았다. 다른 과목 공부로 넘어갔어도 채권은 항상 자주 들여다
보았고 특히 파생상품과는 연관이 많기 때문에 서로 왔다갔다 하
며 보았다.

주식, 채권, 파생상품, 포트폴리오 매니지먼트 이 네 과목이 주
관식이었으므로 상대적으로 많은 비중을 두어 공부를 했고 LOS
를 순서대로 노트에 적어가며 가장 알맞은 주관식 답변을 만들어
보려 애썼다. Schweser 교재가 1월이 훨씬 지나서 나왔기 때문
에 그 전까지는 내가 원서를 찾아가며 직접 답변을 만들었고 교
재가 나온 후로는 내가 쓴 답변과 교재에서 쓴 답변을 서로 비교
하며 맞았구나 틀렸구나 살펴보았다.

사실 Level Ⅱ를 시작하면서 가장 걱정되었던 과목은 회계였는
데 그나마 객관식으로 바뀌는 바람에 조금 안심할 수 있었다. 워
낙 회계에 관한 기초지식이 없던 터라 서점에 가서 우리나라 중
급회계와 재무제표분석을 샀다. 원서 한 권과 우리나라 회계책
두 권을 책상 위에 쌓아놓았지만 좀처럼 책은 읽혀지지 않았다.
읽어도 잘 이해되지 않았기 때문이다. 고민 끝에 나는 회계에 대
한 목표점수를 다소 낮추고 대신 다른 과목들에서 좋은 점수를

얻기로 결심했다. 또 Level I 때 많은 도움을 받았던 회계강사님이 Level II도 계속 강의한다고 하기에 이번에도 강의에 전적으로 의존하기로 하였다.

점점 불러오는 배를 안고 책상에 오래 앉아 있기는 쉬운 일이 아니었다. 어느날은 배와 허리가 너무 아프길래 남편을 불러 병원에 달려갔더니 아기가 밑으로 축 처져 있어 조산의 위험이 있단다. 당분간 무리하지 말고 계속 누워 있는 것 말고는 방법이 없다고 했다. 공부도 중요하지만 내게는 소중한 아기를 잘 지켜줄 의무도 있었던 것이다. 나는 하던 공부를 다소 느슨하게 하면서 집에서 며칠 쉬었다.

드디어 예정일이 들어 있는 3월. 학원에서는 회계강의가 진행 중이었고 예정대로라면 나의 출산예정일과 회계 종강일이 엇비슷했는데 학원사정으로 수업이 며칠 연기되었고 나는 예정일보다 며칠 일찍 아기를 낳느라 두 번의 강의를 놓쳤다. 이런 말을 여기서 할 필요까지는 없겠지만 그런 우여곡절 속에서도 합격에 대한 의지와 노력을 늦추지 않았다는 것을 꼭 강조하고 싶기 때문이다. 출산과정은 상상했던 것보다 무척 고통스러웠고 산후의 고생도 이루 말할 수가 없었다.

1개월 동안 책을 한번도 들춰보지 못한 채 몸조리를 한 후 친정집을 나와 나홀로 아기를 돌보기 시작했다. 아기가 순하고 착하긴 했어도 공부할 여건은 마련되지 않았다. 남편이 퇴근 후 아기를 잘 보았지만 나는 저녁때만 되면 온몸이 쑤시고 어지러워 책은 커녕 움직이기도 힘들어 그대로 쓰러져 잠이 들었고 새벽에 두 번쯤 깨어 아기 우유를 타주었다. 생활이 이렇다 보니 공부는 일요일 남편이 집에 있을 때만 겨우 몇 자 할 수 있었다. 도저히 안되겠다 싶어 시험 한 달 전 포항에 있는 시댁에 아이를 맡겨버렸다.

아이를 보내놓고 홀가분하게(?) 오랜만에 도서관에서 책을 보니 모든 게 낯설었다. 예전에 보았던 Higgins나 Kolb 책은 기억도 나지 않았다. 모든 걸 새로 시작해야 할 만큼 기억력이 떨어져버린 것 같았다. 남은 시간은 한 달. 문제 위주로 정리하기로 했다. 기출문제를 세 번 정도 풀어보았고 요약서에 있는 연습문제를 과목별로 시간표를 짠 후 두 번 또는 세 번 풀었다. 그전에 보지 않았던 객관식 과목은 교재 위주로 보았다. 또한 스터디에 빠짐없이 참석하여 팀원들과 이것저것 물어보기도 하고 정보를 교환하기도 해 많은 도움이 되었던 것 같다. 태어난 지 두 달도 안된 아기를 맡겨버리고 울기도 많이 울었지만 아기를 위해서라도 꼭 합격해야 하겠다는 마음으로 도서관 책상에 아기 사진을 올려놓고 정말 열심히 공부했다.

드디어 시험날, 고대 경영관에서 시험을 치렀는데 전년도의 아셈타워보다는 훨씬 안정된 분위기였다. 주관식 문제는 예상보다 쉬웠다. 이전까지의 기출문제가 몇 개 안 되는 문제수로 여러가지를 응용하는 문제였다면 이번 시험은 많은 문제수에 개념 위주로 물어보는 차원이어서 골고루 꼼꼼히 공부했던 사람에게 유리했던 것 같다.

예상 밖으로 객관식이 어려웠다. 특히 경제학은 Schweser 교과서에서 보지 못했던 내용들이 많이 들어가 있었고 윤리는 쉬운 듯 보였으나 무척 헷갈리게 문제를 꼬아놓은 것 같았다. 회계는

크게 어렵지는 않았으나 맨 마직막 재무제표 adjusting하는 문제
가 꽤 힘들었다.

발표일이 가까워지자 시험발표가 나는 꿈을 꾸기 시작했다. 여
러 번 꾸었는데 합격하기도 하고 떨어지기도 하고 나만 발표가
안 나기도 했다. 8월 중순에 발표가 난다기에 나는 시댁이 있는
포항 바닷가에서 8월12일까지 한가로이 수영을 하면서 망중한을
보내고 있었다.

서울에 올라온 다음날 같이 공부했던 스터디 팀원으로부터 전
화를 받았다. "어떻게 됐니?" "뭐가? "시험결과!" "벌써 발표났
니?" "다 아는데 너만 모르고 있구나." 나는 전화를 끊고 서둘러
컴퓨터를 켰다. 컴퓨터를 켜며 이렇게 떨려본 적이 없었다. 컴퓨
터가 나를 떨게도 만드는구나. 내 수험번호를 치는 순간 C자로
시작되는 메시지가 떴다. 나는 막 잠에서 깨 울고 있는 아기를 흔
들어대며 소리를 질렀다. 엄마 합격 먹었다! 영문도 모르는 아기
는 더 크게 울었다. 잠시 흥분을 가라앉히고 과목별로 정리된 시
험결과를 살펴보았다. 주관식은 14문제 중 Equity에서 3개를 빼
고는 포트폴리오, 채권, 파생상품 모두 70% 이상의 점수를 받았
다. 무엇보다 내가 열심히 공부했던 채권이 모두 70% 이상 나와
서 기뻤다. 객관식은 통계학만 70% 이상이고 경제학, 회계, 윤리
가 다 50%대였다. 시험볼 때의 감이 틀리지 않은 결과다.

CFA Level Ⅱ를 준비하는 수험생들에게 한마디 한다면, 주관
식은 가급적 기본적인 원리를 자세히 이해하는 과정이 꼭 필요할
것 같다. 기본이 없으면 문제에 조금만 함정을 파놓아도 걸려들
기 쉽다. 그리고 회계 · 주식, 채권 · 파생상품은 한묶음으로 공부

한다면 시간을 절약할 수 있다. 통계학과 경제학은 점수따기 좋은 과목이므로 소홀히 하지 말고 시험보기 1개월 전쯤 정리를 해놓고 암기하면 좋을 것이다. 윤리도 이해과목이라기보다는 암기과목에 가깝다. 문제 위주로 풀면서 여러 유형에 익숙해 놓는 게 좋다. 또한 마지막 정리할 시기에는 그동안 정리한 노트를 활용하는 것도 좋지만 기출문제나 예상문제를 많이 풀어보아야 시험에서 당황하지 않게 된다.

나는 아직 통과해야 할 문이 하나 더 남았다. Level Ⅱ를 처음 준비할 때와 마찬가지로 Level Ⅲ에 대한 막막함을 느끼지만 마음만 강하게 먹는다면 이 세상에 못할 것은 없다라는 사실을 나는 안다. 뜻이 있는 곳에 길이 있다. 진부한 문장 같지만 이 말은 진실이다.

마지막으로 이런 수기를 통해서나마 그동안 나를 전폭적으로 지지해 준 남편에게 감사의 인사를 하고 싶다. 주말마다 스터디 가는 부인을 둔 덕분에 혼자서 북한산의 등산코스란 코스는 다 익히고 다닌 우리 남편에게 미안하고 또한 감사하다.

금융업계에서 일하려면
반드시 따라

김동욱(남)

CFA
2001년 Level 3 합격
한화증권 주식파생팀 과장
외국어대 경영학과 졸
일본 와세다대학 상학과 졸

CFA시험을 준비하기로 결정하게 된 가장 중요한 이유는 시험의 희소가치가 매우 높았기 때문이다. 물론 여기에는 결혼을 앞두고 있던 아내로부터의 적극적인 권유도 있었지만, 일단 세계적으로 권위 있는 CFA 자격증인데 국내에는 그 소지자가 불과 몇십명밖에 안 된다는 사실이 매력적이었다. 즉 자격증의 희소가치, 아내의 권유, 자기계발의 필요성 등이 어우러져 CFA시험에 도전해 보기로 결심한 것이다.

시험을 준비하는 기간은 각자가 자신의 상황을 기준으로 스스로 결정하는 수밖에 없다. 나의 경우는 Level Ⅰ · Ⅱ · Ⅲ 각각 3개월 정도 준비했는데, 이렇게 준비기간이 짧았던 이유는 몇가지가 있다.

우선 회사의 배려로 오후 5~6시 정도에 퇴근할 수 있어 시간에 여유가 있었고, 격주 휴무제와 년월차 등의 휴가제도를 충분히 활용하여 주말은 모두 시험준비에 이용할 수 있었다. 또 경영학을 전공하였으므로 어느 정도 기초적인 공부는 되어 있는 상태였으며, 마지막으로 지금 담당하고 있는 업무가 파생상품과 직접적으로 관련이 되어 있어 많은 도움이 된 것 등이 그 이유이다. 하지만 기본적으로 보아야 할 분량이 워낙 많아 경영학 비전공자가 회사업무와 병행하며 짧은 시간에 CFA시험을 준비하기란 무척 어렵다. 따라서 최소한 6개월 이상 시험준비를 해두는 것이 좋다.

시험공부를 시작하면서 우선 필요한 것은 시험에 관한 정보이다. 내가 CFA시험에 대해서 알고 있는 정보는 대부분 www.dennisdugan.com 과 한국 CFA 사이트인 www.ksip.or.kr에서 얻었다. 특히 www.dennisdugan.com은 시험을 준비하는 수험생이라면 꼭 들러봐야 한다. 세계 각국의 응시자들이 나름대로 갖고 있는 노하우나 시험요령 등을 올려 놓은 사이트이므로 매우 유용하다.

여기서 얻은 정보를 종합해 보면, 우선 모든 합격자의 공통적인 지적사항이 스터디가이드에 나오는 LOS만 철저하게 공부하되 교과서를 볼 필요가 없다는 것이다. 시험준비를 시작해 보면 알겠지만 과목수나 시험범위가 너무 넓어 교과서만을 갖고 공부한다면 6개월 정도의 준비기간으로는 어림도 없다. 그러므로 시험에 출제되는 부분만 공부하려면 LOS만 집중적으로 파고드는 게 가장 효과적이다.

하지만 LOS도 출제의도를 파악하기 어렵거나 그 자체가 교과서의 한 장을 차지할 정도로 광범위하게 나올 수 있는데, 이를 해결할 수 있는 방법이 바로 참고서이다. 아무리 과목수가 많고 출제범위가 넓다고 해도 모든 시험에는 중점적으로 공부해야 하는 부분들이나 기출문제라는 것이 있게 마련이다. 시판되고 있는 참고서를 활용하면 시험에 관한 핵심요점이나 기출문제 등을 손쉽게 파악할 수 있으므로 편리하다.

대부분의 수험생들이 이용하는 참고서는 《Allen Resources》, 《Stalla》, 《Schweser》이다. 나의 경우는 Level Ⅲ 까지 모두 《Schweser》를 이용했는데, 그 이유는 《Schweser》가 스터디가이드의 LOS만을 철저히 다루고 있기 때문이다. 하지만 경영학 비전공자에게는 도움이 되지 않을 수 있으므로, 자신에게 맞는 것을 선택하기 바란다.

《Schweser》의 경우 매년 각국을 돌아다니면서 2박3일 일정으로 순회세미나를 개최하는데, 2001년부터는 한국에서도 실시하고 있으므로 이를 적극 활용하라고 권하고 싶다. 나도 참가하였는데, 가장 큰 도움이 되었던 것은 각 LOS에 대해 등급을 매겨 중요한 포인트를 집중적으로 강의해 준 것이다. 따라서 등급에서 제외된(?) LOS들은 한번 훑어보는 것으로 마쳤으며, 특히 세미나 마지막날 나누어 준 출제예상문제는 적중률이 매우 높았다. 다만 모든 강의가 영어로 이루어지므로 리스닝(Listening)에 자신이 없으면 큰 도움이 되지 못할 수 있다.

시험을 보는 데 많은 도움이 되었던 요령들을 정리해 보면 다음과 같다.

① Level Ⅰ 은 100% 객관식이며, 평균 1문제당 1분이 소요되게끔 문제가 출제된다. 따라서 5분이나 10분 이상의 시간이 필요한 어려운 계산문제는 전혀 출제되지 않으므로 단답식 문제를 풀어가는 방법을 위주로 시험을 준비해야 한다.

② Level Ⅱ · Ⅲ는 주관식과 객관식의 비율이 50%씩인데, 주

관식의 경우 매년 출제가능성이 높은 기출문제가 정해져 있으므로 이는 반드시 공부해야 한다. 또한 주관식 문제 중 에세이 형식의 경우 핵심이 되는 문장을 답안 첫머리에 적는 것이 좋으며, 중요한 단어는 대문자 등으로 강조한다.

③ Level Ⅱ·Ⅲ는 문제마다 주어진 배점이 다르며, 각 배점마다 1분 정도를 할당하면 된다. 즉 20점짜리 문제는 20분 동안 풀면 된다. 따라서 주어진 배점에 따라 그 문제의 중요도를 알 수 있다. 배점이 20점 이상인 문제들은 가장 핵심이 되는 문제들이므로 무엇보다 신경을 써서 답안을 작성해야 한다.

④ 2001년부터 출제된 Level Ⅱ·Ⅲ의 객관식 문제는 배점이 각 3점씩인데 예상보다 그 난이도가 매우 높아 3분으로는 도저히 엄두조차 안날 정도로 어려운 문제들이 많았고, 또 기존의 기출문제와는 전혀 다른 형식으로 출제되어 수험생들을 당황케 하였다. 따라서 2002년 Level Ⅱ·Ⅲ 준비자들은 새로운 방법으로 준비를 해야 될 것으로 생각된다. 아마도 앞에서 언급한 참고서에 이러한 경향이 반영되지 않을까 한다.

CFA시험을 준비하면서 무엇보다도 힘들었던 것은 시험기간이 3년이나 된다는 사실이다. 최종합격까지 최소 3년이 걸리고, 한 번 떨어지면 또 1년이라는 준비기간이 추가되므로 합격자 발표까지의 초조함은 이루 말할 수가 없다. 특히 Level Ⅰ이나 Ⅱ의 경우에는 시험에 합격하고도 또 공부를 해야 할 생각 때문에 그다지 홀가분한 기분은 아니었다. 물론 합격통지를 받은 그 순간만큼은 모든 고생을 보상받은 듯한 기쁨을 맛볼 수 있기는 하지만. 나의 경우도 아침에 회사에 출근하여 Level Ⅲ 합격 여부를 AIMR 홈페이지에서 확인하는 순간 그 자리에서 함성을 질러 주위 사람들을 모두 놀라게 하기도 하였다.

Level Ⅲ까지 합격했다는 사실이 주변에 알려지면서 CFA 자격이 갖는 가치에 대해 물어오는 경우가 많아졌다. CFA시험을 준비하는 수험생이라면 반드시 알아야 할 것은 미국의 자격시험 또는 인증시험(CFA는 엄격히 말해 자격시험이 아닌 사설기관의 인증시험이다)이 갖고 있는 특징이다.

내가 아는 한 이러한 시험은 우리나라와 달리 시험을 위한 시험이 아니다. 즉 해당업종에 종사하는 전문인으로서 갖추어야 할 최소한의 자격을 검증하는 시험이므로 절대평가로 이루어진다. 따라서 일정 수준의 자격만 갖추면 그 수에 상관없이 모두 합격시켜 주며, 이는 시험합격 후 본인이 쌓아가야 하는 실무경력과 전문인으로서의 능력을 더 중시하는 생각이 바탕에 깔려 있지 않은가 싶다. 운전면허를 땄다고 해서 당장 카레이서로 인정받을 수 는 없는 노릇인 것처럼.

하지만 CFA시험은 그 권위를 충분히 인정받고 있으므로 금융업과 관련된 분야에 종사하거나 금융업 쪽으로 진출하려는 계획이 있다면 한번쯤 도전해 볼 만한 가치가 충분히 있다고 본다.

삶과 경력의 강력한 도화선

허진회(남)

2001년 Level 1 합격
한화증권 대전지점 차장
중앙대학교 경영학과 졸

직장생활 10년, 30대 중반을 맞는 샐러리맨들이 느끼는 공통적인 미래에 대한 막연함과 두려움을 심각하게 생각하던 시기였다.

하루하루의 지점생활에 영업담당자로서의 현 위치와 능력에 회의를 느끼고 나와 고객과 회사가 공생공영하고 보다 많은 부가가치를 창출할 수 있는 사회인으로 유지·개선되고 있는가의 자문에 '예'라고 답할 수 없는 현실이 너무나 답답하였다.

이에 현실을 타파하고 능력있는 영업사원이 되기 위해 우선 이론적 재무장이 그 어느 때보다도 필요하다고 생각한 끝에 CFA를 공부하게 되었다. 이는 현실도피가 아닌 미래개척이라는 각오가 있어야 더욱 열심히 할 수 있다는 것에 초점을 맞춘 것이다.

1. 나의 공부방법

① 공부를 시작하면서 근무지가 천안이었기에 중도에 포기하지 않고 서울에 있는 학원에 계속 수강할 수 있을까 하는 의문이 들었지만 목표를 세운 이상 이 핑계가 나의 선택을 가로막지는 못했다.

② 금융기관 종사자로서 수강과목에 두려움은 없었지만 문제는 영어였다. 1990년대 초부터 영어보다는 일본어가 경쟁력이 더 있을 것이란 나름의 판단에 일본어 공부를 해왔던 터라 영어는 백지상태로 시작하게 된 것이 큰 어려움으로 남게 되었다.

③ 그러나 공부를 할 수 있는 여건은 모두 다 같다는 생각을 갖고 남들보다 두배 세배 그 이상 노력하면 할 수 있다는 의지로 시간이 길어지더라도 가능하리라 자신을 믿고 시작했다.

④ 시작할 때 중요한 것은 무모한 정진보다 가는 길을 바르게 아는 것이 중요하다는 것이다. 먼저 합격한 선배들의 조언을 듣고 공부방법과 윤곽을 설정한 것이 많은 도움이 된 것 같다.

⑤ 직장인의 경우 시간관리와 컨디션 조절이 중요한데 시간관리는 월별 학습량, 주간단위, 일별 필요시간을 학습진도표로 작성하여 학습진행 과정을 체크하여 시간 누수를 막을 수 있었다.

⑥ 시험과목이 많아 참고도서를 볼 시간적 여유는 없었고 강의시간엔 빠지지 않고 기출문제와 예상문제집을 많이 수집하여 과목별 수업교재와 문제풀이를 반복하는 것이 유일한 방법이라 생각한다.

⑦ 학습과정 중 이해가 가지 않은 부문은 간과하는 경향이 많았는데 이것이 가장 잘못된 공부방법이라고 반성한다. 간과한 부문이 출제경향이 높은 것은 당연한 현실이니까 !

2. 즐거웠던(?) 수험기간

오랜 시간을 시험준비에 매달려 할애한 시간이 예전의 음주가무에 소모한 시간에 비하면 얼마나 소중하고 즐거운 시간이었는지 절로 웃음이 나온다. 그리고 나 자신을 신뢰해 준 회사와 여러 모로 도와주신 직원분들께 감사의 마음을 전하고 싶고 향후 중도에 포기하지 않고 합격하여 보다 나은 자신이 되리라 다짐한다.

3. CFA Level Ⅰ을 준비하는 후배들에게
① 단 한번에 끝나는 시험이 아니기에 자신감과 끈기를 갖고 준비해야 한다.
② 시험준비에 할애하는 시간과 노력이 낭비가 아니고 무엇인가 삶과 경력에 도화선이 될 수 있다는 확신을 가져야 한다.
③ 지금 바로 시작하는것이 현명한 선택이라는 확신을 갖고 열심히 하면 반드시 좋은 결과가 있다는 것을 거듭 강조하고 싶다.

노력에 대한 보상은 반드시 온다

한상우(남)

CFA
2001년 Level3 합격
신우회계법인 근무
공인회계사(K·CPA)
연세대 대학원 경영학과 졸

1. 새로운 도전

CFA라는 단어를 처음 접한 것은 1999년 9월경이었다. 그당시 금융감독원에 근무하고 있었는데 원내 연수프로그램 중 하나가 CFA 과정이었다. 솔직히 그때는 CFA가 무엇인지 정확히 몰랐고(미국의 권위있는 단체에서 인정하는 자격증 정도로만 알았다) 큰 관심을 두지 않았는데 그 연수프로그램을 1년 먼저 시작한 선배가 적극 추천한 것이 새로운 도전의 계기가 되었다. 지금 이 글을 통해서 그 선배에게 감사의 마음을 전하고 싶다.

그 후 최소한 3년이라는 시간을 투자하여 도전할 만한 가치가 있는 것인지? 시험에 합격한 후 그 활용도가 어느 정도될 것인지 그리고 향후 진로(직업 선택)에 어떤 영향이 있을 것인지 등에 대해 나름대로 많은 정보를 수집하고 많은 고민을 했다. 그 결과 CFA는 세계금융시장에서 그 권위를 인정받고 있으며 여러 분야에서 활용도가 크다는 것, 또한 국내에는 CFA가 불과 50여 명 정도밖에 안 된다는 것, 그리고 무엇보다도 이러한 새로운 도전을 통하여 스스로의 가치를 높일 수 있을 것 같은 느낌 등이 나에게 CFA를 준비하도록 하였다.

막상 시작하고 나니 대학 다닐 때 CPA 시험을 준비할 때가 생각났다. 약 3년 정도 CPA를 준비하면서 대학시절을 시험준비로 다 보내는구나 하고 생각했는데 지금 돌이켜 보면 이로 인해 잃은 것보다 얻은 것이 더 많았고 그리고 진로(직업 선택)에 있어서도 많은 영향이 있었던 것 같다.

CFA를 준비하게 된 또 하나의 이유는 CPA자격과 CFA Charter가 분명히 시너지 효과가 있을 것 같았고, 언젠가는 국내 금융시장이 모든 분야에서 완전히 개방될 것이며, 그때를 위해서 미리 준비하는 마음으로 CFA에 도전한 것이다. 흔히들 '기회가 왔을 때 잡아야 한다'고 말한다. 그러나 여기에는 반드시 전제조건이 있다고 생각한다. 자기에게 온 기회를 놓치지 않고 잡기 위해서는 항상 기회를 잡을 준비가 되어 있어야 한다. 누구나 기회인 줄 알지만 그것을 잡을 능력과 준비가 되어 있지 않으면 놓치고 말 것이다. CFA에 대한 도전도 미래에 올 그 어떤 기회를 놓치지 않기 위한 하나의 준비과정이라고 생각한다.

2. 시험을 준비하며

일단 시험준비를 하게 되면 많은 공부분량과 부족한 시간 때문에 무척 힘들 수 있다. 그러나 '천리길도 한걸음부터'라고 차근차근 기초부터 준비해야 할 것이다. 물론 기초가 어느 정도 되어 있는 분들도 있겠지만 일단은 새로 시작한다는 기분으로 임해야 할 것이다.

시험은 Level I , II , III로 나누어져 있지만 각 단계별 내용이 완전히 별개의 것이 아니며 상호 연관되어 있다. Level II 는 Level

Ⅰ보다 그 범위나 깊이가 좀더 있을 뿐이며 기본적인 topic은 다르지 않다. Level Ⅲ도 마찬가지다.

따라서 Level Ⅰ에서의 내용이 Level Ⅱ, Ⅲ에서 그 기초가 되므로 처음부터 반드시 이해 중심의 깊이있는 공부를 해야 한다. 다만, 각 단계별로 강조(출제비중 다름)되는 topic은 약간씩 다르다. Ethics는 Level Ⅰ, Ⅱ, Ⅲ 모두에서 중요(Level Ⅰ에서 약간 더 강조된다)하며, Investment Tools(Economics, Quantitative Methods, Financial Statement Analysis)는 Level Ⅰ에서 Asset Valuation(Equity, Debt, Derivatives, Alternatives)은 Level Ⅱ에서, Portfolio Management는 Level Ⅲ에서 특히 강조되고 있다.

보통 Level Ⅰ은 multiple choice이므로 쉽게 생각하는 경향이 있다. 특히, 우리나라 수험생들은 객관식에 익숙해져 있기 때문에 Level Ⅰ은 크게 부담을 느끼지 않고 Level Ⅱ부터 열심히 준비하겠다고 생각하는 경우가 있는데, 물론 Level Ⅰ시험을 위해서는 별 문제가 없을 수도 있다. 그러나 앞에서도 언급했듯이 각 Level의 topic이 서로 연결되어 있으므로 Level Ⅰ을 공부할 때 그 기초를 확실히 해두지 않으면 Level Ⅱ나 Ⅲ를 준비할 때 처음부터 복습해야 할지도 모를 일이다. 그리고 시험보고 발표나고 다음 Level을 시작할 때까지 최소 5~6개월(6월에서 11월)의 공백기간(현실적으로 직장다니면서 이 기간 동안 계속 공부한다는 것은 쉽지 않다)이 있으므로 완벽한 이해 중심의 공부가 되지 않으면 다음 Level을 준비할 때 처음부터 다시 시작하는 느낌이 들 것이다.

　그리고 또 하나 중요한 것은 철저하게 계획된 스케줄 하에서 준비해야 한다는 것이다. 물론 이러한 계획은 각자 나름대로 스스로의 상황에 맞게 짜야 할 것이다. 나의 경우에는 각 Level별로 전체 준비기간은 약 7개월 정도였는데 실제로 본격적인 공부기간은 4개월 정도였다. 주로 저녁시간을 이용해서 매일(1주일에 한두번 정도는 약속이 있었다) 3~4시간 정도 교재 중심으로 공부했으며 시험 2개월 전(참고서와 기출문제 중심)부터는 주말에도 독서실을 이용했고, 특히 모든 시험이 다 그렇겠지만 마무리가 중요하므로 시험 1주일 전(요약정리 및 모의테스트 중심)에는 남아 있는 휴가를 모두 사용했다.

　앞서도 말했듯이 공부분량은 많고 대부분 직장인이기 때문에 준비할 시간은 부족할 것이므로 시간을 효율적으로 활용해야 할 것이다. 각 topic별로 시험시간이 할당되어 있으므로 그 시간의 가중치에 따라 공부시간을 배분하는 것도 좋은 방법이다. 이는 물론 자기가 이미 각 과목별로 어느 정도 기본적인 지식이 있느냐에 따라서 달리 결정되어야 할 것이다.

　교재는 주로 원서와 article 위주로 구성되어 있는데 가능하면 White, Sondhi&Fried와 Reilly&Brown 그리고 Kolb의 원서는 기본적인 이해를 위해서 읽어볼 것을 권하고 싶다. 그리고 각 topic을 공부하기 전에 스터디가이드의 Learning outcome을 반드시 먼저 살펴보고 어디에 초점을 두고 공부하여야 할 것인지 키포인트를 파악하는 것이 중요하다. 즉, 각 과목별 공부를 시작하기 전에 미리 방향을 설정하여야 한다는 것이다.

　Ethics는 반드시 기본교재를 철저히 읽어야 하며, Financial

Statement Analysis, Equity, Debt, Derivatives Investments는
처음부터 기본에 충실한 이해 중심의 공부가 되어야 할 것이다.
범위가 넓어서 교재를 다 공부하기가 힘들 수도 있는데 이 경우
에는 참고서를 활용하는 것이 좋다. 특히 교재 중에 article로 된
부분은 시간절약을 위해서라도 교재보다는 참고서를 권하고 싶
다. 나의 경우에는 Level II 와 III에서 참고서를 활용했다.

3. 스스로 영어실력이 좋지 않다고 걱정하는 사람들을 위해

물론 영어가 완벽하게 된다면 더할 나위없이 좋겠지만 영어실
력이 약간 부족하다고 해서 전혀 걱정할 필요는 없을 것 같다. 대
학교육(CFA의 기본자격 요건 중에 하나)을 받은 사람 정도의 영
어실력이면 시험준비에 걱정할 필요가 없다.

Level I 은 객관식이므로 크게 문제가 안되고 주관식인 Level
II 나 III도 답안으로 완벽한 문장을 쓸 필요가 없으며 핵심이 되
는 요점만 쓰면 되기 때문이다. 또한 주관식의 경우에는 계산문
제도 많으며 서술식의 경우에도 답을 쓰기 편하게(아마도 채점의
편의성 때문일 것이다) 답안지 자체가 표 형식으로 되어 있기 때
문에 주관식 답안을 너무 걱정하지 않아도 될 것이다.

4. 당부의 말

마지막으로 당부하고 싶은 말은 포기하지 말고 항상 자신감을
가지라는 것이다. CFA를 준비하는 대부분은 직업을 가지고 있을
것이다. 직장을 가지고 최소한 3년을 투자하여 공부하기란 쉽지
않을 것이다. 그리고 확실히 합격한다는 보장도 없기 때문에 더

욱더 시작하기가 어려울 것이다. 여러가지 이유(가정, 직장, 스스로의 나태 등)로 중도에 포기하고 싶을 때도 많을 것이다.

나 자신도 그랬다. 나의 경우에도 결혼(1998년 가을)하자마자 CFA준비를 시작했기 때문에 신혼이 없었다는 아내의 불만(겉으로 표현하지는 않았지만)이 상당히 많았고 — 이 점에 있어서는 항상 아내와 딸에게 미안하고 감사할 따름이다 — Level Ⅲ를 준비할 때는 직장을 옮겨서 새로운 분위기에 적응하느라 여러가지로 힘들었다.

그러나 마음 독하게 먹고 극복하여야 한다. '시작이 반이다' 라는 말이 있듯이 시작하면 이미 반은 성공한 것이다. 설령 실패한다 하더라도 도전하지 않는 것보다는 나을 것이다. 또한 이왕 시작할 바에는 반드시 Level Ⅲ 까지 합격한다는 자신감을 가지고 임해야 하며 이러한 노력에 대한 보상은 틀림없이 돌아올 것이다.

1. CFA시험 지정계산기 사용요령

2. CFA Registration & Enrollment Package

3. CFA Level I Sample Test

CFA시험 지정계산기 사용요령

Ⅰ. BAⅡ Plus 계산기 기본 Setting 요령

화폐의 시간가치(Time Value of Money)와 통계계산을 위해 먼저 계산기를 Setting하여야 한다.

1. on/off 를 눌러 전원을 켠다.

2. 2nd format 단계

2nd format 을 누르면 기본 Setting을 할 수 있다.
여기에서 2nd 는 컴퓨터 키보드의 Shift key와 같은 역할로서
2nd · 은 · key 위쪽에 있는 format을 의미한다. 즉,
2nd I/Y 은 P/Y을 의미하는 것이다.
2nd format 을 누르면 DEC = 2.00이 나오며, 이것은 소수점
자리수를 말하는데, 3자리를 원할 경우 3 Enter 를 누르면
DEC = 3.000으로 나온다.

3. `2nd` `format` `↓` 단계

소수점을 3자리로 Setting한 후 `on/off` 옆에 있는 `↓` 를 누르면 DEG가 나온다.

4. `2nd` `format` `↓` `↓` 단계

다시 `↓` 를 누르면 US 12-31-1990이라는 메시지가 나온다. 미국식 날짜표시방식을 나타내는 것이며, 유럽식으로 변경할 경우 `2nd` `Enter` 를 누르면 EUR 31-12-1990으로 변경된다. 우리나라의 경우에는 미국식 표시방식을 사용하기 때문에 다시 `2nd` `Enter` 를 눌러 미국식으로 Setting하면 된다.

5. `2nd` `format` `↓` `↓` `↓` 단계

US 12-31-1990 상태에서 `↓` 를 누르면 US 1,000.000의 화폐단위 표시가 나온다. 유럽식으로 변경할 경우 `2nd` `Enter` 를 을 누르면 1.000,000으로 표시된다. 우리나라는 미국식 화폐표기방식을 따르기 때문에 다시 `2nd` `Enter` 를 누르면 US방식으로 변경이 된다.

6. [2nd] [format] [↓] [↓] [↓] [↓] 단계

US 1,000.000 표시화면에서 [↓] 를 누르면 Chn으로 표시된다.
Chain Method는 입력한 순서대로 계산되는 방식이다. 즉, 3 + 2 × 4 = 20이라는 해답이 나온다.

AOS(Algebraic Operating System) Mothod는 계산문제를 풀 때 사칙연산의 순서에 맞게 계산되는 것이다. 즉, 3 + 2 × 4 = 11이라는 답이 나오게 된다. (4 × 2 = 8을 계산 후 8 + 3 = 11의 사칙연산방법에 의한 계산) 따라서 AOS 방식으로 Setting해야 한다.

7. [2nd] [P/Y] 단계

[2nd] [P/Y] 을 누르면 P/Y = 12.000으로 표시된다. 이것은 채권, 연금 계산시 연간 지불되는 횟수를 나타낸다. 즉, P/Y = 12.000은 년간 payment의 지불이 12회를 말하면 P/Y = 1.000은 년간 payment가 1회 지불되는 것을 말한다. 일반적으로 화폐의 시간가치(TVM)와 재무관리, 투자론 관련 계산시 P/Y = 1.000로 Setting하는 것이 문제를 푸는 데 쉽게 접근할 수 있다.
그러나, payment의 지불이 년간 4회일 경우는 [I/Y] 인 이자율을 ÷ 4로 하고 연도인 [N] 에 × 4로 한다면 쉽게 계산이 가능하다. 다음 장에서 상세히 설명하겠다.

지금까지의 TI BAII Plus 계산기에 대한 기본 Setting을 살펴보면, 다음과 같다.

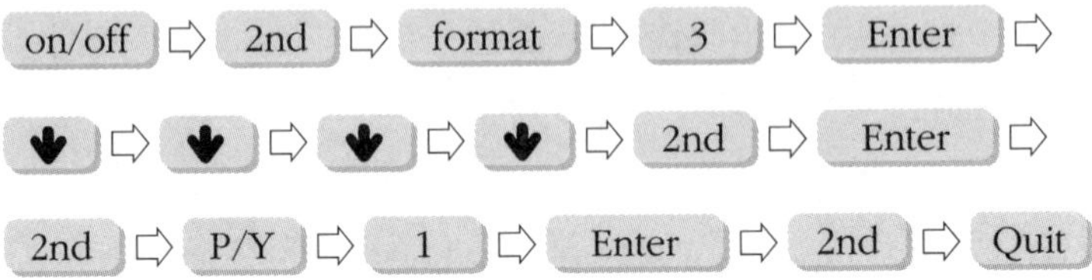

II. 미래가치와 현재가치

1. 미래가치와 복리계산 과정 : 미래가치는 현재의 일정금액을 미래의 특정시점에서 계산한 가치로서 이자율과 기간에 비례한다.

$$t = 0 \quad 1 \quad 2 \quad 3 \cdots\cdots\cdots n$$

(복리계산 과정)

$$PV \longrightarrow FV_n = PV(1+r)^n = PV(CVIF_{r,n})$$

$$FV_n = PV(1+r)^n$$
$$= PV \times CVIF_{r,n}$$

※ $(1+r)^n$: 복리이자요소(compound value interest factor : CVIF)

E₁ 이자율 10%로 1,000만원을 5년간 예치 후 찾게 될 금액은 얼마인가?

A₁ $FV = 10,000,000(1 + 0.1)^5 = 16,105,100$

A₂ 계산기 해법

2nd	Quit	2nd	CLR TVM	: 현금흐름계산을 위해 항상 기존 기억을 지워야 함
10		I/Y		
5		N		
10,000,000		+ / −	PV	: 현재 자금의 투자개념으로 '−' 부호를 붙임
CPT	FV		$= 16,105,100$	

2. 현재가치와 할인계산 과정 : 현재가치는 특정미래의 일정금액을 현재시점에서 평가한 가치로서 이자율과 기간에 반비례한다.

$$t = 0 \quad\quad 1 \quad\quad 2 \quad\quad 3 \cdots\cdots\cdots n$$

(할인계산 과정)

$$FV_n = PV(1+r)^n = PV(CVIF_{r,n}) \text{————} FV_n$$

$$PV = \frac{FV_n}{(1+r)^n} = FV_n(1+r)^n = FV_n \times PVIF_{r,n}$$

※ $(1+r)^{-n}$: 현가이자요소(present value interest factor : PVIF)

E₂ 시장 이자율 7%, 3년 뒤 1,000만원을 받게 될 경우 현재 투자해야 될 금액은 얼마인가?

A₁
$$PV = \frac{10{,}000{,}000}{(1+0.07)^3} = 8{,}162{,}978.77$$

A₂ 계산기 해법

| 2nd | Quit | 2nd | CLR TVM |

7   I/Y

3   N

10,000,000   FV

CPT   PV $= -8{,}162{,}979$(이하 반올림) : 현재 투자개념 '−' 부호

Ⅲ. 복리계산기간

1. 미래가치와 복리계산기간

연리 r로 연간 m번 복리계산되는 경우에 n년도 말의 미래가치

$$FV_n = PV\left(1 + \frac{r}{m}\right)^{mn}$$

E_3 현재 원금 100만원에 대한 이자는 10%이다. 이자지급이 연간 4
회일 경우 3년 후 찾게 될 금액은 얼마인가?

A_1 $$FV_n = 1,000,000\left(1+\frac{0.1}{4}\right)^{3\times4} = 1,344,888.824$$

A_2 계산기 해법

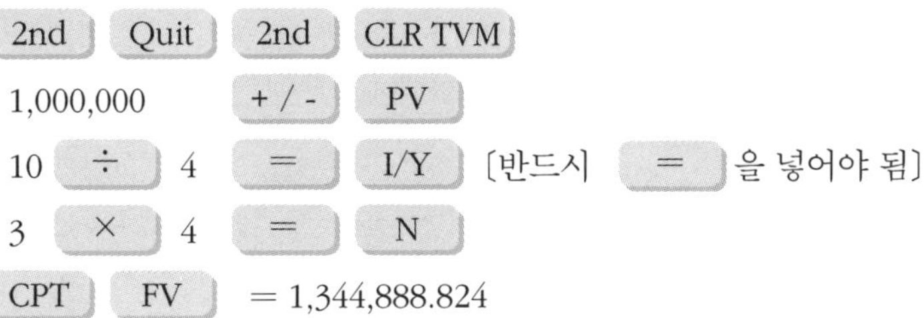

2. 현재가치와 할인계산기간

연리 r로 연간 m번 할인계산되는 경우 현재가치

$$PV = FV_n\left(1+\frac{r}{m}\right)^{-mn}$$

E_4 이자가 10%이며 이자지급은 연간 3회이다. 3년 후 100만원을
받게 될 경우 얼마를 투자해야 하는가?

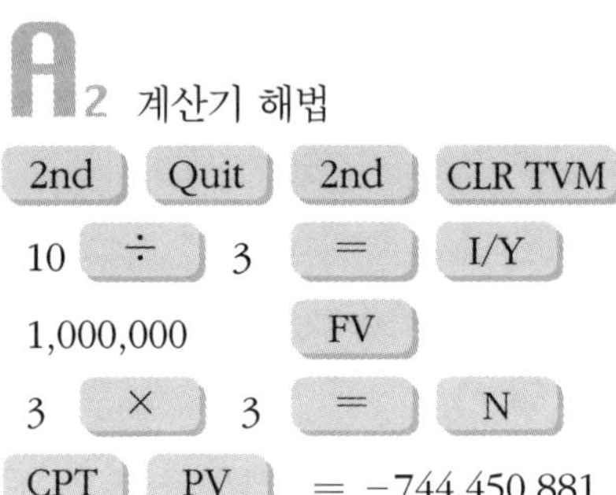

$$FV_n = \frac{1,000,000}{\left(1+\dfrac{0.1}{3}\right)^{3\times3}} = 744,450.881$$

2 계산기 해법

| 2nd | Quit | 2nd | CLR TVM |

10 ÷ 3 = I/Y

1,000,000 FV

3 × 3 = N

CPT PV = −744,450.881

Ⅳ. 영구연금과 연금

1. 영구연금(perpetuity) : 연금의 형태로 발생하면서 발생기한이 무한인 현금흐름을 말한다.

$$PV(영구연금) = \frac{C}{(1+r)} + \frac{C}{(1+r)} + \frac{C}{(1+r)} + \cdots\cdots = \frac{C}{r}$$

E₅ 이자율 8%로 매년 말 영구적으로 500만원이 지급되는 연금의 가치는 얼마인가?

A $$PV_{(P)} = \frac{5,000,000}{0.08} = 62,500,000원$$

2. 연금(annuity) : 연금이란 기간별로 일정한 현금흐름이 특정기간 동안 유한하게 발생하는 것을 말한다.

$$\begin{array}{ccccccc} t=0 & 1 & 2 & 3 & \cdots\cdots & n \\ \vdash & \dashv & \dashv & \dashv & & \dashv \\ & C & C & C & \cdots\cdots & C \end{array}$$

① 정상연금(Ordinary annuity)의 현재가치(정상연금)

$$PV(연금) = \frac{C}{(1+r)} + \frac{C}{(1+r)^2} + \cdots\cdots + \frac{C}{(1+r)^n}$$
$$= C\left[\frac{1}{r} - \frac{1}{r(1+r)^n}\right]$$

※ $\left[\dfrac{1}{r} - \dfrac{1}{r(1+r)^n}\right]$: 연금의 현가이자요소(present value interest factor for an annuity : PVIFA)

E_6 시장 이자율이 10%이며 15년 동안 매년말 500만원씩 지급되는 연금의 현재가치는?

A_1

$$FV_n = 5,000,000\left\{ \frac{1 - \dfrac{1}{(1+0.1)^{15}}}{0.1} \right\} = 38,030,397.53$$

A_2 계산기 해법

2nd	Quit	2nd	CLR TVM
5,000,000			PMT
10			I/Y
15			N
CPT	PV		$= -38,030,397.53$

② 정상연금의 미래가치

$$FV(연금) = C(1+r)^{n-1} + C(1+r)^{n-2} + \cdots\cdots + C$$
$$= PV(연금)(1+r)^n$$
$$= C\left[\frac{(1+r)^n}{r} - \frac{1}{r} \right]$$

$\ast\ C\left[\dfrac{(1+r)^n}{r} - \dfrac{1}{r} \right]$: 연금의 복리이자요소(compound value interest factor for an annuity : CVIFA)

E₇ 시장 이자율은 8%이며, 향후 10년 동안 매년 말 500만원씩 불입한다면 만기시 찾게 될 금액은 얼마인가?

$$FV = A\left(\frac{(1+r)^n - 1}{r}\right) = 5,000,000\left[\frac{(1+0.08)^{10} - 1}{0.08}\right]$$

$$= 72,432,812.33$$

계산기 해법

| 2nd | Quit | 2nd | CLR TVM |

5,000,000	+/-	PMT
8	I/Y
10	N

| CPT | FV | = 72,432,812.33 |

연금의 현금흐름이 매기 말에 일정하게 발생하는 경우 정상연금(Ordinary Annuity)이라 하며, 연금의 현금흐름이 매기 초에 발생하는 연금을 이상연금(Annuity Due)이라 한다.

이상연금에 대한 현재, 미래 가치를 구할 경우 2nd BGN 을 누른 후 2nd Set 을 누르면 BGN Mode로 변경되는데 이 BGN Mode로 계산하면 된다. 하지만 CFA 시험장에서는 현금흐름을 계산할 경우 매기 말 발생하는 현금흐름이 대부분이므로 BGN Mode로 변경하지 말고 정상연금에서 $(1+r)$을 곱하면 된다.

즉, 이상연금의 현재가치는 정상연금의 현재가치에서 (1+r)을 곱한 금액으로 다음과 같이 계산된다.

38,030,397.53 × (1+0.1) = 41,833,437.28으로 계산된 금액이 이상연금의 현재가치가 된다. 그리고 이상연금의 미래가치는 정상연금의 미래가치를 구한 후 (1+r)을 곱하면 된다. 즉, 72,432,812.33 × 1.08 = 78,227,437.32이다.

V. 자본예산(Capital Budgeting)

1. 순현가법 : 합리적인 투자안의 평가기준

① NPV의 정의 : 순현가법은 투자 안에서 발생되는 현금흐름에 대해 현금유입의 현가에서 현금유출의 현가를 차감한 값을 기준으로 투자안의 경제성을 평가하는 기법이다.

$$
\begin{array}{cccccccc}
t = 0 & 1 & 2 & 3 & \cdots\cdots & n\text{-}1 & n \\
\end{array}
$$

$$
-C_0 \quad C_1 \quad C_2 \quad C_3 \quad \cdots\cdots \quad C_{n-1} \quad C_n
$$

$$
\begin{aligned}
NPV &= \text{현금유입의 현가} - \text{현금유출의 현가} \\
&= \frac{C_1}{(1+r)} + \frac{C_2}{(1+r)^2} + \cdots\cdots + \frac{C_n}{(1+r)^n} - C_0 \\
&= \sum_{n=1}^{n} \frac{C_t}{(1+r)^t} - C_0
\end{aligned}
$$

여기서, r = 할인율

※ 할인율 : 최소한의 수익률로서 소요자본의 기회비용(opportunity cost)을 의미하고 이것을 요구수익률(required rate of return) 또는 자본비용이라고도 함

② 투자안의 평가기준

- 독립적인 투자안 ┌ NPV > 0 → 투자안 채택
　　　　　　　　　└ NPV < 0 → 투자안 기각

- 상호배타적인 투자안
　NPV > 0 인 투자안들 중에서 NPV가 가장 높은 투자안 선택

2. 내부투자 수익률법

① 내부수익률(internal rate of return : IRR) : 투자의 결과 발생하는 현금유입의 현가와 현금유출의 현가를 같아지게 하는 할인율로서 평균 투자수익률을 의미한다.

$$NPV = \sum_{n=1}^{n} \frac{C_1}{(1+IRR)^t} - C_0 = 0$$

② 투자안 평가기준

- 독립적인 투자안 ┌ IRR > r (∵ NPV > 0) → 투자안 채택
　　　　　　　　　└ IRR < r (∵ NPV < 0) → 투자안 기각

- 상호배타적인 투자안

IRR $\rangle$ r 인 투자안들 중에서 IRR이 가장 높은 투자안 선택

E₈ 투자안 X에 대한 자본비용이 10%일 경우 NPV, IRR을 구하라.

Year	Cash folw
0	-2,000
1	400
2	1,000
3	-200
4	400
5	2000

A₁

$$NPV = \frac{400}{(1+0.1)} + \frac{1,000}{(1+0.1)^2} + \frac{-200}{(1+0.1)^3} + \frac{400}{(1+0.1)^4} + \frac{2,000}{(1+0.1)^5} - 2,000$$

$$= 554.868$$

A₂ NPV 계산기 해법

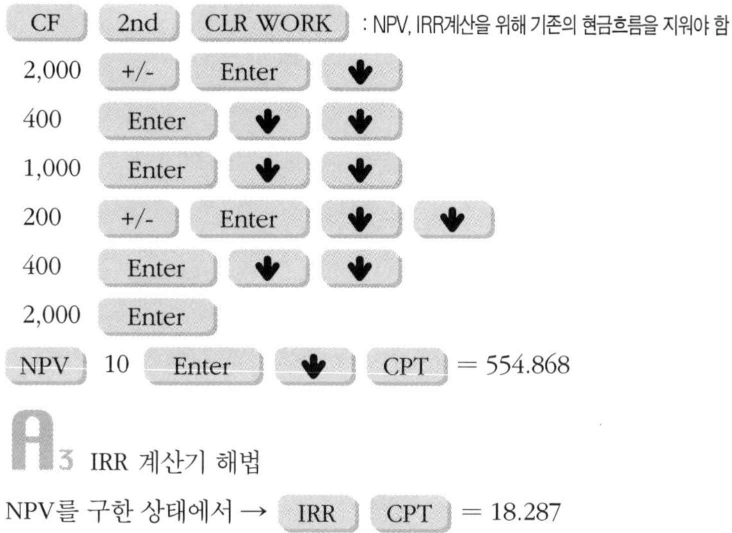

A₃ IRR 계산기 해법

NPV를 구한 상태에서 → IRR   CPT = 18.287

E₉ 투자안 A는 아래의 현금흐름을 가지며 자본비용은 8%이다. NPV, IRR을 구하라.

Year	Cash folw
0	-1,500
1	800
2	700
3	300
4	200

$$\mathbf{A}_1$$

$$NPV = \frac{800}{(1+0.08)} + \frac{700}{(1+0.08)^2} + \frac{300}{(1+0.08)^3} + \frac{200}{(1+0.08)^4} - 1,500$$

$$= 226.034$$

$$\mathbf{A}_2 \quad NPV \text{ 계산기 해법}$$

| CF | 2nd | CLR WORK | : NPV, IRR계산을 위한 기존의 현금흐름을 지워야 함 |

1,500 [+/-] [Enter] [↓]

800 [Enter] [↓] [↓]

700 [Enter] [↓] [↓]

300 [Enter] [↓] [↓]

200 [Enter]

NPV 8 [Enter] [↓] [CPT] = 226.034

$$\mathbf{A}_3 \quad IRR \text{ 계산기 해법}$$

NPV를 구한 상태에서 → [IRR] [CPT] = 16.533

VI. 채권의 평가

채권의 가치는 채권을 소유함으로써 발생되는 미래현금흐름인 만기까지의 이자액(Interest payment, Coupon Payment)과 만기에 발생하는 원금(principal, face value)의 현재가치가 된다.

$$P_0 = \sum_{n=1}^{n} \frac{In}{(1+r)^n} + \frac{F}{(1+r)^n}$$

P_0 : 채권의 가격

F : 액면가

r : 할인율(시장이자율, 만기수익률)

In : 매기의 이자지급액(액면가×액면 이자율(C))

C : 액면, 표면, 쿠폰 이자율

E 10 A 회사의 회사채 액면가 1만원, 표면 이자율 12%, 3년 만기로 발행되었다. 이자는 매년 말 지급되며 시장 이자율이 15%라고 할 경우 A 회사의 채권가격은 얼마인가?

A 1 $P_0 = \dfrac{1,200}{(1+0.15)} + \dfrac{1,200}{(1+0.15)^2} + \dfrac{11,200}{(1+0.15)^3} = 9,315.032$

A 2 계산기 해법

2nd	Quit	2nd	CLR TVM
15		I/Y	
3		N	
1,200		PMT	
10,000		FV	
CPT	PV	$= -9,315.032$	

VII. 통계학 계산기 해법

E₁₁ 아래의 관찰치에 대한 평균, 분산, 표준편차를 구하라.

25, 30, 35, 40, 35

- Population Variance

$$\sigma^2 = \frac{\sum (X_i - \mu)^2}{N}$$

- Population Standard Deviation

$$\sigma = \sqrt{\frac{\sum (X_i - \mu)^2}{N}}$$

- Sample Variance

$$s^2 = \frac{\sum (X_i - \overline{X})^2}{n - 1}$$

- Sample Standard Deviation

$$s = \sqrt{\frac{\sum (X_i - \overline{X})^2}{n - 1}}$$

A₁ 계산기 해법

2nd	DATA	2nd	CLR WORK
25	Enter	↓	↓
30	Enter	↓	↓
35	Enter	↓	↓
40	Enter	↓	↓
35	Enter		

A_2 〔 2nd 〕 〔 STAT 〕 ⬇ ⬇

$\overline{X} = 33$

⬇ $= s_x =$ sample standard deviation $= 5.701$

⬇ $= \sigma_x =$ population standard deviation $= 5.099$

E_{12} 아래의 X, Y의 관찰치에 대한 평균, 분산, 표준편차 X, Y의 Correlation을 구하라.

	$R_m(X)$	$R_i(Y)$
Month 1	10%	13%
Month 2	9%	12%
Month 3	10%	10%
Month 4	11%	5%

 계산기 해법

2nd	DATA	2nd	CLR WORK
10	Enter	⬇	
13	Enter	⬇	
9	Enter	⬇	
12	Enter	⬇	
10	Enter	⬇	
10	Enter	⬇	
11	Enter	⬇	
5	Enter	⬇	

2nd	STAT	⬇

Mean of X	⬇	$= \overline{X} = 10$
Sample standard deviation X	⬇	$= S_x = 0.816$
Population standard deviation X	⬇	$= \sigma_y = 0.707$
Mean of Y	⬇	$= \overline{Y} = 10$
Sample standard deviation Y	⬇	$= S_y = 3.559$
Population standard deviation Y	⬇	$= \sigma_y = 3.082$
Intercept term	⬇	$= a = 45$
Slope coefficient	⬇	$= b = -3.50$
Correlation X, Y	⬇	$= r = -0.803$

CHARTERED FINANCIAL ANALYST™ (CFA®) PROGRAM

Registration & Enrollment Package

Exam Dates

Saturday,	1 June 2002
Sunday,	2 June 2002*

(*Eastern Asia/Oceania)

NEW POLICY FOR 2002

Registration Deadlines: RECEIVED BY AIMR

Friday,	31 August 2001
Monday,	15 October 2001
Monday,	3 December 2001
Friday,	1 February 2002
Friday,	1 March 2002

(fees increase after each deadline)

ASSOCIATION FOR
INVESTMENT MANAGEMENT
AND RESEARCH®

**THIS PACKAGE IS FOR THE
2002 EXAM ONLY.**

－－－－－

AIMR will begin processing
applications in August 2001.

✔ CFA® EXAM REGISTRATION CHECKLIST

☐ PLEASE READ AND UNDERSTAND ALL CONDITIONS, REQUIREMENTS, POLICIES, AND PROCEDURES RELATING TO THE CFA PROGRAM BEFORE COMPLETING THE REGISTRATION AND ENROLLMENT FORM. KEEP THIS BOOKLET FOR FUTURE REFERENCE.

☐ Answer all questions on the Registration & Enrollment Form (pages 9-10).

☐ Include payment (either check made payable to AIMR or credit card information). Refer to page 8 to calculate your total fee using the "2002 Registration/Reregistration and Enrollment Fee Schedule."

☐ Enclose a current business card if you have one (do not staple or tape the card to your registration form).

☐ **Retain a copy of your Registration & Enrollment Form**, and then mail the original with payment to AIMR in the enclosed envelope. If you do not have a return envelope, mail your completed form to the address on the next page.

To ensure that your Registration & Enrollment Form can be tracked if not received by AIMR, it is strongly suggested that you use an overnight carrier. AIMR is not responsible for lost shipments or mail that is not received by deadlines.

CONTACTING AIMR

Mail

Association for Investment Management and Research
*(mail completed Registration & Enrollment Forms to
"Department A")*
P.O. Box 3668
Charlottesville, VA 22903-0668 USA

*If sending your completed Registration & Enrollment Form
to AIMR by an overnight courier, please address to:*
Association for Investment Management and Research
Department A
560 Ray C. Hunt Drive
Charlottesville, VA 22903-2981 USA

Web site   **E-mail**
www.aimr.org   info@aimr.org

INFORMATION CENTRAL

Telephone	**Facsimile**
800-247-8132 (USA & CANADA)	804-951-5262 (until 14 January 2002)
804-951-5499 (until 14 January 2002)	434-951-5262 (beginning 1 June 2001)
434-951-5499 (beginning 1 June 2001)	

All information and correspondence must be submitted in English.

STEPS FOR REGISTERING FOR THE CFA PROGRAM

- Read this entire Registration and Enrollment Package carefully and understand the conditions, requirements, policies, and procedures that will govern your participation in the CFA Program. You must adhere to these conditions, requirements, policies, and procedures as a condition of participating in the CFA Program. Answer all questions on the Registration & Enrollment Form. Complete and sign the Professional Conduct Inquiry and Candidate Responsibility Statement.

- If you are paying by check, enclose the check, in U.S. funds, payable to AIMR for the total fee indicated in the "2002 Registration/Reregistration and Enrollment Fee Schedule" on page 8. Payment must be mailed with the Registration & Enrollment Form; do not mail it separately.

- Enclose a current business card if you have one. Do not staple or tape the card to the form.

- Return the Registration & Enrollment Form to AIMR; retain a copy.

- Mail all correspondence separately from the Registration & Enrollment Form.

- Mail the Registration & Enrollment Form in the enclosed preaddressed envelope. If no envelope is enclosed, mail your Registration & Enrollment Form to the address at the bottom left. **To ensure that your form can be tracked if not received by AIMR, it is strongly suggested that you use an overnight carrier. AIMR is not responsible for lost shipments or mail that is not received by deadlines.**

- If you are not certain whether you should register for the CFA Program, try taking the CFA Candidate Self-Assessment test on the AIMR Web site at www.aimr.org/cfaprogram.

- Once you submit your form for the CFA Program to AIMR, your registration and enrollment fees are generally non-refundable. See "Refund Policy," page 7.

For your records, enter the date your Registration & Enrollment Form was mailed:

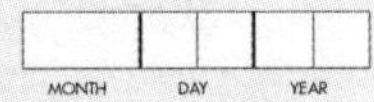

31 August 2001	Initial deadline for new registrations and reregistrations to be *received by AIMR*
September	Study Guides available and mailed to applicants
October	Textbooks available for purchase from book distributor
15 October	Second deadline for registration/reregistration to be *received by AIMR*
November	Past years' essay exam questions/guideline answers for Level II and Level III available from book distributor
3 December	Third deadline for registration/reregistration to be *received by AIMR*
1 February 2002	Fourth deadline for registration/reregistration to be *received by AIMR*
1 March	Deadline for registration/reregistrations to be *received by AIMR* (AIMR cannot guarantee that registrations or enrollments **received after 1 March** will be accepted)
1 March	**Final** deadline for special test center requests, disability accommodation requests, and requests for religious alternative dates to be *received by AIMR*
29 March	All refund requests must be *received by AIMR*
29 March	All test center changes must be *received by AIMR* (Payment **must** accompany request)
April	Expected receipt of examination tickets by candidates
1 June	2002 Examination Day
2 June	2002 Examination Day in Eastern Asia and Oceania
June-July	Examination papers graded
Late August	Examination results distributed to candidates
September	CFA charterholders announced for year 2002

ABOUT THE CFA PROGRAM

Requirements to Be Awarded and Maintain the Use of the CFA Charter

To be awarded the CFA charter, a candidate must:

1. Sequentially pass the Level I, Level II, and Level III examinations; and

2. Have at least three years of acceptable professional experience working in the investment decision-making process *(candidate work experience for meeting the CFA charter requirements is confirmed in writing after the candidate enrolls for the Level III examination)*; and

3. Fulfill AIMR membership requirements and apply concurrently for membership in AIMR and in an AIMR Member Society or Chapter (if a Member Society or Chapter is located within 50 miles (80 km) of candidate's place of business). As part of the application for AIMR membership, a candidate must:

- Provide current completed sponsor forms;
- Sign and complete the Professional Conduct Statement;
- Sign and agree to comply with the terms of the Member's Agreement; and
- Exhibit a high degree of ethical and professional conduct.

4. Once a candidate becomes a CFA charterholder, he or she must comply with AIMR's conditions, requirements, policies and procedures of a CFA charterholder and AIMR member, including those set forth in the AIMR Articles of Incorporation, Bylaws, Code of Ethics, Standards of Professional Conduct, Rules of Procedure for Proceedings Related to Professional Conduct, and other conditions, requirements, policies and procedures that may be established and amended from time to time, including the submission of an annual Professional Conduct Statement and the payment of membership dues. Failure to comply with AIMR's conditions, requirements, policies and procedures can result in disciplinary sanctions, including suspension or revocation of the right to use the CFA designation.

1

REGISTRATION INFORMATION

Prerequisites

The CFA Program is postgraduate. The readings assigned in the study program and the questions on the CFA exams are geared for individuals who are prepared to deal with "masters" level course work. Although many applicants enter the program with a business school education, others have a liberal arts background. No specific prerequisite courses of study are prescribed for enrolling in the CFA Program, but applicants should be aware that assigned readings in many topic areas are beyond a basic, introductory level.

Examinations

The three examinations required for eligibility for the CFA charter are given once each year at locations around the world. Candidates must complete the three exams sequentially and, because all three examinations are given simultaneously, may sit for only one examination each year. Candidates who fail an examination are encouraged to repeat that level the next year. The Level I examination is composed of multiple-choice questions. Levels II and III consist of essays and item sets.

Basic Entrance Requirements

To register in the CFA Program, an applicant must:

- Have a bachelor's degree or the equivalent. An applicant must receive a bachelor's degree no later than 30 September of the current exam year to qualify for entrance. For example, to enter the 2002 CFA Program, the degree must be awarded by 30 September 2002. (If a candidate does not meet the degree requirement by September 30 of the exam year, his or her candidacy will be cancelled, exam results will be voided, no refund of submitted registration and enrollment fees will be issued, and he or she will have to complete a Reregistration Form to re-enter the program);
- Complete, sign, and return the Registration & Enrollment Form for the current year;
- Pay the required fees;
- Complete, sign, and return the Professional Conduct Inquiry and Candidate Responsibility Statement.

Application Processing

Processing time may take four to six weeks. *Study Guides are sent to applicants when payment is processed. Receipt of a Study Guide does not indicate acceptance into the program.*

Notify AIMR immediately if your Study Guide is not received in a reasonable time period. After an application is approved, an official acceptance letter is sent if all entrance requirements are met. If an official acceptance letter or notice of incomplete application is not received within six to eight weeks after mailing your application, you must immediately contact Information Central.

Incomplete Applications

Each application submitted to AIMR must include the current exam year's Registration & Enrollment Form containing all required information and full payment of fees. *Applicants submitting incomplete applications will be sent only **one** notice from AIMR.* Applications must be completed and received by AIMR within 30 days of the date on the written notice, so missing information and/or items should be sent via overnight courier to avoid postal-service delays. Applicants should check their status with Information Central within two weeks of mailing this information.

Applications are considered incomplete if all questions on the Registration & Enrollment Form are not answered clearly and completely, if the Professional Conduct Inquiry and Candidate Responsibility Statement are not completed and signed, and/or if appropriate payment is not submitted along with the correct form. Some specific examples of incomplete applications are (1) credit card is denied or incomplete payment is submitted, (2) education section of the form is unclear or incomplete, (3) test center is not selected, (4) form is sent without payment, (5) wrong or outdated form is submitted, or (6) missing signature.

PARTICIPATING IN THE CFA PROGRAM

Textbooks

Order forms for assigned textbooks are provided in the back of the Study Guide. Enrolled candidates can also access Study Guides, and other relevant information, using the Candidate Services Section of the AIMR Web site. Book order forms and study outlines are also available on the AIMR Web site. The cost of textbooks is not included in registration and enrollment fees. *Textbooks are not ordered through AIMR.*

Textbooks are available through the following book distributors:

PBD Worldwide Fulfillment Services, P.O. Box 931788, Atlanta, GA 31193-1788 USA, tel: 800-789-2467 or 770-442-8633, ext. 298, fax: 770-442-9742, e-mail: aimrpubs@pbd.com, Web site: www.pbdbookstore.com

TPL Corporation (HK) Limited, 9/F., Block C, Seaview Estate, 2–8 Watson Road, North Point, Hong Kong, tel: 2356 5502/2356 5534, fax: 2764 5095/2365 7834, e-mail: cfaorder@tplhk.com.hk

STP Distributors Pte Ltd, Pasir Panjang Districentre Block 1 #03-01A, Pasir Panjang Road, Singapore 118480, tel: 276 7626 or 273 6698, fax: 276 7119

CFA Study Groups

Although the CFA Program is essentially one of individual study, group-study sessions are also available through a variety of sources, including AIMR Member Societies and Chapters. Many CFA candidates live in areas with a local study-group program. Where distance makes large groups prohibitive, candidates might organize joint study programs with one or more associates in their localities.

Examination results are reported as "pass" or "fail." Actual exam scores are not released. Results are posted on the AIMR Web site and are distributed by first-class mail (international surface mail outside of North America), usually within 90 days of the exam date. Exam results are never released over the telephone. A summary of examination results may be distributed without candidate identification to AIMR Member Societies and Chapters, CFA exam prep-course sponsors, and others.

All test books and answer sheets, including answers, are the property of AIMR and will not be returned to the candidate in either original or copied form.

REGISTERING FOR THE CFA PROGRAM

Completing the CFA Registration and Enrollment Form

The Registration & Enrollment Form located in this package must be completed properly and in full. **Please read and follow these directions.**

- Affix the peel-off mailing label showing your applicant number in the space provided on the front of the Registration & Enrollment Form. The peel-off label is located on the back cover of the 2002 CFA Registration and Enrollment Package. **If your package does not have a peel-off label, disregard this step.**
- The Registration & Enrollment Form must be completed and signed to ensure efficient processing. You must complete, sign and date the entire form, including the Professional Conduct Inquiry and Candidate Responsibility Statement, and submit the proper payment.

1. Exam Information

Test Center Code. Select a test center and print the test center code in the boxes provided (see the "2002 Regional Test Centers" on page 5). The exam will be given on Sunday, 2 June, at test centers noted with an asterisk (*). If you choose to change your test center after your form is submitted, you will be required to pay a fee of US$100. **AIMR will not accept test center changes received after 29 March. Proper payment must accompany test center change requests; both must be received by 29 March 2002. NOTE: If you do not select a test center, you will not be permitted to take the exam.**

Special Requests. See "Special Requests for Taking the Exam" on page 11 for more information. You must select a Regional Test Center before making special test center requests.

- "Special Test Center"—check this box to request a test center that is not listed in the "2002 Regional Test Centers," page 5. Write the name of the city on the line provided.
- "Disability Accommodations"—check this box to request testing accommodations for a disability. AIMR will send you the appropriate forms and instructions or you can find these forms in the Candidate Services section of the AIMR Web site.

- "Religious Alternative Date"—check this box to request an alternative test date based upon religious obligations. AIMR will send you the appropriate forms and instructions or you can find these forms in the Candidate Services section of the AIMR Web site.

AIMR will not accept special requests received after 1 March 2002. Because special requests may require significant processing time, candidates are urged to register at the earliest possible date.

2. Personal Information

Prefix. Please check the appropriate box.

Sex. Check the appropriate box.

National Identification Number. E.g.: Social Security Number, Canadian Social Insurance Number, other country number. Print the digits and check the appropriate box. It will be used as a secondary identification for the CFA Program. Although you are not required to disclose this number, providing the last four digits would be helpful for AIMR to avoid duplicate registrations.

Country of Residence Code. Print your country code (see the list of "Country of Residence Codes" on page 6).

Name. Print your first (given) name, middle name or initial, last name (surname), and suffix (if applicable). Do not use nicknames or titles. AIMR strongly suggests that you provide your name exactly as it appears on your government-issued photo identification.

3. Mailing Information

While AIMR uses reasonable efforts to mail materials to your preferred address, at times it may need to send materials to your secondary address.

Preferred Communication To. Check the appropriate box to indicate the address at which you wish to receive correspondence from AIMR. Please be advised that certain couriers will not deliver to post office boxes. Also, in some localities using your business address as your preferred address may result in more efficient delivery service than using your home address. Please note that your registration and enrollment fees are based on your *preferred communication to* address.

Home Street Address. Print your home mailing address (include apartment number, if applicable).

Home Telephone Number. Print your home telephone number.

Home Fax Number. Print your home fax number if available.

Home E-mail. Print your home e-mail address if available.

Company Name. If you are currently employed, print your company's name as it appears on your business card. Please indicate whether you are self-employed by checking the box in this area.

Company Street Address. Print your company mailing address.

Company Telephone Number. Print your company telephone number.

Company Fax Number. Print your company fax number.

Company E-mail. Print your company e-mail address if available.

4. Education

Education Certification. Select one of the three statements certifying your education and/or work experience instead of a degree.

Date Highest Degree Received. Print the month and the year your highest degree was received.

If you are currently a student, print the month and year you expect to receive your degree and the number of full-time college/university years completed.

5. Birth Date

Birth Date. Print the month, day, and year of your birth.

6. Professional Information

Industry Classification. Select and print **one** number that best represents your affiliation (see "Professional Information Codes" on page 6).

Title and Occupation Classification. Select and print the codes that best represent your primary duties (see "Professional Information Codes" on page 6). Select no more than **two** codes.

Industry Specialty. Select and print the codes that best represent your focus in the industry (see "Professional Information Codes" on page 6). Select no more than **three** codes.

Please make every attempt to find a code that comes close to your own before selecting "Other."

7. Payment Method

Payment must be included with the Registration & Enrollment Form. AIMR does not invoice for payments. Please note that your registration and enrollment fees are based on your *preferred communication to* address.

Payment by Check/Money Order. Enclose the check or money order, in *U.S. funds*, **payable to AIMR** for the total registration and enrollment fee (see "2002 Registration/Reregistration and Enrollment Fee Schedule" on page 8). Indicate whether the fee is being paid by a corporate or personal check/money order and print the check/money order number in the space provided. **Write your name on the check or money order.**

Payment by Credit Card. If paying with a credit card, indicate whether the fee is being paid by a corporate or personal credit card.

Credit Card Number. Print the number of the credit card you are using. This information must be completed correctly for the charge to be processed.

Credit Card Expiration Date. Print the month and year of credit card expiration date.

Credit Card Signature. By signing in the space provided on the form, you authorize AIMR to charge the account. If the cardholder is not the applicant, also print the name of the cardholder.

8. Professional Conduct Inquiry

Check the appropriate box for each of the questions.

9. Candidate Responsibility Statement

Read the Candidate Responsibility Statement carefully. By signing, you are agreeing to adhere to AIMR's policies and procedures as a condition to participating in the CFA Program.

10. Use of Contact Information

If you do not want certain personal information, such as name and address, released to various parties including Member Societies and Chapters, CFA examination preparatory course providers, other related service providers, or regulatory authorities, please check the appropriate box located in section 10 of the CFA Program Registration and Enrollment Form or follow the procedures described in AIMR's privacy policy.

To learn more about AIMR's information policies, please visit our Web site at www.aimr.org or request a copy of our privacy policy by e-mail at info@aimr.org.

11. Signature

Sign your name on the line marked "signature," as you would sign a check or other legal document. Print your name and the date.

CPE Credit

AIMR is registered with the National Association of State Boards of Accountancy as a sponsor of continuing professional education (CPE) on the National Registry of CPE Sponsors. State boards of accountancy have final authority on the acceptance of individual courses. Inquiries regarding sponsors may be addressed to NASBA, 150 4th Avenue North, Suite 700, Nashville, TN 37219 USA; telephone 615-880-4200. AIMR's CPE sponsor number is 103116.

2002 REGIONAL TEST CENTERS

Please select a test center from the list below and write the corresponding code in the spaces provided in Section 1 of the Registration & Enrollment Form. Test centers are located in, or within reasonable travel distance of, these cities. You should expect to receive your examination ticket in April. The exam will be given on Sunday, 2 June, at test centers noted by an asterisk (*).

AFRICA/MIDDLE EAST

Abu Dhabi, UAE	ABD
Accra, Ghana	GHN
Amman, Jordan	AMN
Beirut, Lebanon	BEI
Cairo, Egypt	CAI
Cape Town, So. Africa	CAP
Dhaka, Bangladesh	DHK
Harare, Zimbabwe	ZIM
Johannesburg, So. Africa	JOH
Manama, Bahrain	MAN
Muscat, Oman	MUS
Nairobi, Kenya	NAI
Nicosia, Cyprus	NIC
Riyadh, Saudi Arabia	RYD
Safat, Kuwait	KUW
Tel Aviv, Israel	ISRT

CANADA

Calgary, AB	CAL
Edmonton, AB	EDM
Fredericton, NB	NBF
Halifax, NS	HAL
Montreal, PQ	MON
Ottawa, ON	OTA
Quebec, PQ	QUE
Regina, SK	REG
Toronto, ON	TOR
Vancouver, BC	VAN
Winnipeg, MB	WIN

CENTRAL & SOUTH AMERICA/ THE CARIBBEAN/BERMUDA

Barbados, West Indies	BAR
Buenos Aires, Argentina	BUE
Cayman Islands, BWI	CAY
Hamilton, Bermuda	HAM
Kingston, Jamaica	KIN
Mexico City, Mexico	MEX
Nassau, Bahamas	NAS
Panama City, Panama	PAN
Port-of-Spain, Trinidad	PSP
San Juan, Puerto Rico	SNJ
Sao Paulo, Brazil	SPB

EUROPE

Amsterdam, the Netherlands	AMS
Athens, Greece	ATH
Bilbao, Spain	BIL
Bucharest, Romania	BUC
Budapest, Hungary	BUD
Brussels, Belgium	BRU
Copenhagen, Denmark	COP
Dublin, Ireland	DUB
Edinburgh, Scotland	EDN
Frankfurt, Germany	GER
Geneva, Switzerland	GEN
Istanbul, Turkey	IST
Kiev, Ukraine	UKR
Lisbon, Portugal	LIS
London, England	LON
Madrid, Spain	MAS
Milan, Italy	MIT
Moscow, Russia	MOS
Paris, France	PAR
Prague, Czech Republic	PRG
Riga, Latvia	RIG
Skopje, Macedonia	SKP
Sofia, Bulgaria	SOF
Stockholm, Sweden	STO
Vienna, Austria	VNA
Vilnius, Lithuania	VIL
Warsaw, Poland	WAR
Zagreb, Croatia	CRO
Zurich, Switzerland	ZUR

EASTERN ASIA/OCEANIA

*Almaty, Kazakhstan	ALM
*Auckland, New Zealand	AUK
*Bangkok, Thailand	BAK
*Beijing, PRC	BJG
*Colombo, Sri Lanka	SRI
*Hong Kong	HNK
*Jakarta, Indonesia	JAK
*Karachi, Pakistan	KAR
*Kuala Lumpur, Malaysia	KUL
*Lahore, Pakistan	LAH
*Manila, the Philippines	MLA
*Melbourne, Australia	MEL
*Mumbai, India	BOM
*New Delhi, India	NDL
*Port Louis, Mauritius	MAU
*Seoul, Korea	SEO
*Shanghai, PRC	SHG
*Singapore	SNG
*Sydney, Australia	SYD
*Taipei, ROC	TAI
*Tokyo, Japan	TOK
*Wellington, New Zealand	WEL

UNITED STATES

Albuquerque, NM	ALB
Anchorage, AK	ANC
Atlanta, GA	ATL
Austin, TX	AUS
Baltimore, MD	BAL
Birmingham, AL	BIR
Boise, ID	BOI
Boston, MA	BOS
Buffalo, NY	BUF
Charlotte, NC	CHL
Chattanooga, TN	CHA
Chicago, IL	CHI
Cincinnati, OH	CIN
Cleveland, OH	CLE
Columbia, SC	CSC
Columbus, OH	COL
Dallas, TX	DAL
Denver, CO	DEN
Des Moines, IA	DES
Detroit, MI	DET
Grand Rapids, MI	GRM
Hartford, CT	HAR
Helena, MT	HEL
Honolulu, HI	HNL
Houston, TX	HOU
Indianapolis, IN	IND
Jackson, MS	JAC
Jacksonville, FL	JAX
Kansas City, MO	KC
Little Rock, AR	LRK
Los Angeles, CA	LOS
Louisville, KY	LOU
Madison, WI	MAD
Memphis, TN	MEM
Miami, FL	MIA
Milwaukee, WI	MIL
Minneapolis, MN	MIN
Montpelier, VT	MOP
Naples, FL	NAP
Nashville, TN	NSH
New Orleans, LA	NOR
New York Metro Area:	
New York City	NYC
Northern New Jersey	NYJ
Westchester County	NYW
Omaha, NE	OMA
Philadelphia, PA	PHL
Phoenix, AZ	PHX
Pittsburgh, PA	PIT
Portland, ME	POM
Portland, OR	POR
Providence, RI	PRO
Richmond, VA	RIC
Rochester, NY	ROC
Sacramento, CA	SAC
Salt Lake City, UT	SLC
San Antonio, TX	SAN
San Diego, CA	SD
San Francisco, CA	SF
Seattle, WA	SEA
St. Louis, MO	STL
Tampa, FL	TAM
Washington, DC	WAS
Wilmington, DE	WIL

WORK EXPERIENCE GUIDELINES FOR EVENTUAL AWARD OF THE CFA CHARTER

Three years of acceptable professional work experience are required before the CFA charter can be awarded. This experience may be accrued while the candidate is in the CFA Program, after the candidate has passed all three levels of examinations, or from previous positions. Acceptable work experience includes activities that consist to a significant extent of collecting, evaluating, or applying financial, economic, or statistical data (as appropriate) as part of the investment decision-making process; or supervising, directly or indirectly, those who practice such activities; or the teaching of such activities. The investment decision-making process is the professional practice of financial analysis, investment management, securities analysis, or other similar activities. CFA candidates are required to spend at least 40 percent of their time in these activities to accrue the required professional work experience. Summer, part-time, and internship positions do not qualify.

The following job titles are provided as a guide only. Job titles alone cannot convey the true nature of the underlying job duties. Therefore, to assess professional work experience, evaluate the nature of your job activity, as described above, rather than merely the job title.

- Accountant
- Actuary
- Auditor
- Bank Examiner
- Bank Lending (corporate)
- Business Appraiser
- Client Services Manager
- Compliance Examiner
- Consultant on Investment Manager Selection/Investment Policy
- Corporate Chief Financial Officer
- Corporate Controller (not finance/not investment)
- Derivatives Analyst
- Director of Finance
- Director of Mutual Funds
- Economist (involved in investment decision-making process)
- Financial Journalist (Editor/Reporter/Publisher)
- Financial Planner
- Internal Corporate Planning Analyst
- Internal Management of Investment Firm
- Investment Banking/Corporate Finance Consultant
- Investment Sales (consultative)
- Investment Strategy Formulation
- Investor Relations
- Management Consultant (excluding personnel)
- Marketer (of investment management services, funds, securities, etc.)
- Mutual Fund Sales/Trainer
- Options/Futures/Commodities Analyst
- Portfolio Administrator
- Portfolio Manager
- Portfolio Performance Evaluator
- Portfolio Strategist
- Product/Software Developer (of investment-related products/services)
- Professor/Instructor (investment, finance, and economics, or non-financial business administration)
- Quantitative Investment Analyst
- Real Estate Investment Manager
- Risk Analyst (securities related)
- Securities and Investment Analyst
- Securities Regulation
- Securities Trader
- Securities Underwriter
- Stockbroker/Registered Representative
- Valuator of Closely Held Business
- Valuator of Mergers/Acquisitions
- Venture Capital Investment (not securities)

5

COUNTRY OF RESIDENCE CODES

If your country is not listed, leave the field blank.

Country	Code	Country	Code	Country	Code	Country	Code	Country	Code
Albania, Soc Rep of	142	Christmas Island & Cocos Island	160	Hong Kong	20	Mongolian People's Republic	195	Spain	28
Algeria	143	Colombia	7	Hungary	77	Montserrat	196	Sri Lanka, Dem Soc Rep of	34
American Samoa	27	Congo, Rep of	161	Iceland	131	Morocco, Kingdom of	117	St. Helena	209
Andorra	35	Cook Islands	162	India	47	Mozambique	197	St. Kitts	119
Angola	144	Costa Rica	37	Indonesia	8	Myanmar	198	St. Lucia	134
Anguilla	138	Croatia, Rep of	163	Iran	59	Namibia	93	St. Pierre & Miquelon	210
Antigua	147	Cyprus	97	Iraq	181	Nauru	199	St. Thomas	136
Argentina	57	Czech Republic	78	Ireland, Rep of	64	Nepal	112	St. Vincent	230
Armenia	140	Denmark	56	Israel	71	Netherlands	9	Sudan	236
Aruba	90	Diego Garcia	164	Italy	42	Netherlands Antilles	100	Suriname, Rep of	217
Ascension Island	148	Djibouti, Rep of	107	Ivory Coast, Rep of	126	Nevis	200	Swaziland	73
Australia	6	Dominica	165	Jamahiriya, Lib Arab Peo Soc.	229	New Caledonia	201	Sweden	45
Austria	65	Dominican Republic	139	Jamaica	63	New Zealand	54	Switzerland	11
Azerbaijan	149	Ecuador	24	Japan	10	Nicaragua	202	Syrian Arab Republic	132
Bahamas	3	Egypt, Arab Rep of	88	Jordan	76	Niger Republic	203	Tajikistan	218
Bahrain	21	El Salvador	92	Kazakhstan	127	Nigeria, Fed Rep of	41	Tanzania	219
Bangladesh, Peoples Rep of	80	Equatorial Guinea, Rep of	167	Kenya, Rep of	109	Niue	204	Thailand	62
Barbados	66	Eritrea	166	Kiribati	182	Norfolk Island	205	Togo, Rep of	220
Belarus	150	Estonia	96	Korea, Rep of	26	Norway	43	Trinidad and Tobago, Dem Rep	82
Belgium	36	Ethiopia	168	Kuwait	16	Oman	44	Tunisia	81
Belize	18	Falkland Islands	169	Kyrgyzstan	183	Pakistan	38	Turkey	86
Benin, Peoples Rep of	151	Faroe Islands	170	Laos	184	Palau, Rep of	206	Turkmenistan	221
Bermuda	4	Fiji Islands	87	Latvia	120	Panama, Rep of	114	Turks & Caicos Island	135
Bhutan	113	Finland	51	Lebanon	121	Papua New Guinea	30	Tuvalu	222
Bolivia	32	France	13	Lesotho	185	Paraguay	103	Uganda	141
Bosnia & Herzegovina, Rep of	152	French Guiana	171	Liberia	186	Peru	116	Ukraine	110
Botswana	53	French Polynesia	232	Libya	70	Philippines	12	United Arab Emirates	50
Brazil	19	Gabon Republic	172	Liechtenstein	75	Poland	99	United Kingdom	5
British West Indies	49	Gambia	173	Lithuania	106	Portugal	61	United States of America	1
Brunei	79	Georgia	174	Luxembourg	52	Qatar	68	Uruguay	111
Bulgaria	104	Germany, Fed Rep of	74	Macao	72	Reunion Island	207	Uzbekistan	223
Burkina Faso	153	Ghana	108	Macedonia	234	Romania	118	Vanuatu, Rep of	224
Burundi	154	Gibraltar	137	Madagascar, Dem Rep of	189	Russia	95	Vatican City	225
Cambodia	155	Greece	55	Malawi	187	Rwanda	208	Venezuela	58
Cameroon, United Rep of	156	Greenland	175	Malaysia	31	Saipan	211	Vietnam	102
Canada	2	Grenada	105	Maldives, Rep of	188	San Marino	212	Virgin Islands	84
Canary Islands	85	Grenadines, The	231	Mali Republic	190	Sao Tome	213	Wallis & Futuna Islands	226
Cape Verde Islands	157	Guadeloupe	176	Malta	130	Saudi Arabia	23	Western Samoa	227
Cayman Islands	33	Guam	129	Marshall Islands	191	Scotland	67	Yemen, Rep of	83
Central African Republic	158	Guantanamo Bay	177	Mauritania, Islamic Rep of	193	Senegal Republic	214	Yugoslavia, Fed Rep of	25
Chad Republic	159	Guatemala	133	Mauritius	115	Seychelles Island	215	Zambia	128
Channel Islands	124	Guinea, Rep. of	235	Mayotte Island	192	Sierra Leone	29	Zaire, Rep of	228
Chile	98	Guinea-Bissau	178	Mexico	39	Singapore	15	Zimbabwe	122
China, Peoples Rep of	46	Guyana	123	Micronesia, Fed States of	69	Slovakia	101		
China, Rep of (ROC)	40	Haiti	179	Moldova	194	Slovenia, Rep of	48		
		Honduras	180	Monaco	60	Solomon Islands	216		
						South Africa, Rep of	22		

PROFESSIONAL INFORMATION CODES

Industry Classification
(choose one)

Academic Institution (2)
Bank (all) (3)
Broker-Dealer, Investment Banking (1)
Consulting (4)
Financial Publisher (6)
Foundation/Endowment (7)
Government/Regulatory Agency (8)
Insurance Company (9)
Investment Company/ Mutual Fund (10)
Investment Management Counseling (11)
Plan Sponsor
  Corporate (5)
  Public (13)
  Union (15)
Retired (14)
Other (16)

Title and Occupation Classification
(choose up to two)

Academic (RR)
Accountant/Auditor (A)
Actuary (B)
Analyst
  Closely Held Companies (SS)
  Credit (K)
Emerging Markets (WW)
Equity (O)
Fixed Income (S)
Mergers and Acquisitions (TT)
Options and Futures (CC)
Quantitative Research (GG)
Real Estate (HH)
Venture Capital (UU)
Attorney (C)
Bank
  Examiner/Regulator (D)
  Trust Administrator (QQ)
  Trust Investments (AB)
CEO/Chair/Partner/Principal (E)
Chief Investment Officer (F)
Compliance Officer (G)
Consultant
  Management (BB)
  Pension (YY)
Corporate Financial Officer (I)
Corporate Pension Officer (J)
Derivatives Specialist (L)
Director of Research (M)
Economist (N)
Financial Journalist (Q)
Financial Planner (R)
Government (U)
Investment Administrator (W)
Investment Banker (X)
Investment Counselor (Y)
Investment Firm Manager (Z)
Mutual Funds (ZZ)
Performance Measurement Specialist (DD)
Portfolio Manager (EE)
Portfolio Strategist (FF)
Retired (VV)
Sales and Marketing Representative
  Institutional (V)
  Investment Services (AA)
  Retail (H)
Student (MM)
Trader/Securities and Other (KK)
Other (XX)

Industry Specialty
(choose up to three)

Advertising (AD)
Aerospace (AE)
Apparel/Textiles (AP)
Asset Backed Securities (AB)
Automobiles & Accessories (AU)
Banks (BA)
Beverages (BE)
Bonds (all) (BO)
Cash Equivalents (CE)
Chemicals (CH)
Communications* (CM)
  (Newspaper/Periodicals/ Radio/TV)
Computers (Hardware/Software) (CP)
Construction (CO)
Construction Building Materials (BU)
Construction Manufact. Housing (MH)
Consulting (C)
Consumer Products (Durable/Non-Durable) (DN)
Containers (CT)
Cosmetics (CU)
Diversified Companies (DV)
Drugs (DR)
Electronics/Electrical Equipment (EL)
Energy
  Natural Gas Pipeline (G)
  Nuclear & Solar (EN)
  Oil & Gas Producers (OI)
  Oil Services (OS)
Entertainment (ET)
Environmental Control (EV)
Food Processing (FO)
Generalist (follow 3 or more industries) (GN)
Health Care and Maintenance (HC)
Lodging & Food Services (LF)
Machinery (MA)
Metals (MI)
Non-Bank Financial Institutions
  Insurance (IS)
  Savings & Loan (SA)
  Security Brokerage (SB)
Non-U.S. Securities (NU)
Office Equipment (OF)
Paper & Forest Products (PA)
Publishing (PU)
Real Estate (RL)
Retail Trade (RT)
Retired (R)
Special/Emerging Situations (SS)
Steel (ST)
Technology (TH)
Telecommunications (TC)
Tobacco (TO)
Transportation (Common Carrier) (T)
Utilities (all) (UT)
Other (YY)

When will I receive the examination results?
Exam results are usually distributed within 90 days of the exam date. Therefore, your address must be current at all times.

If I am a candidate, am I also an AIMR member?
No. Upon passing the Level III exam, candidates who wish to earn the CFA charter must first apply for membership in AIMR and an AIMR Member Society or Chapter if one is located within 50 miles (80 km) of candidate's place of business. When enrolling for Level III, AIMR strongly urges you to apply for membership in AIMR and an AIMR Member Society or Chapter so that your charter will not be delayed after you pass the Level III exam. You will find more information on AIMR membership on the AIMR Web site at www.aimr.org.

What if I do not complete the program within seven years?
You must reregister. Upon initial registration, you have three years to take the first exam before your registration expires; you have a total of seven years to complete the program before you have to reregister. Reregistration involves primarily paying both fees and completing the Registration & Enrollment Form again. Under AIMR's reregistration policy, candidates who reregister are not currently required to retake any previously passed examinations, but must provide AIMR with sufficient evidence of examinations passed in order to reregister at an exam level other than Level I.

What if I do not have 36 months of acceptable work experience towards the CFA charter when I register for the CFA Program?
As long as you have met the entrance requirements for the CFA Program, you are eligible to sit for the exams. Work experience can be accrued before, during, or after passing Level III.

I'm calling for my boss. Can you tell me if you have received her candidate application and if she has been accepted?
No. Candidate information is not released to individuals other than the candidates as noted in AIMR's privacy policy.

Can I sit for more than one exam per year?
You must pass the Level I exam before you can sit for the Level II exam, and you must pass Level II before you can sit for Level III. Therefore, candidates may sit for only one exam per year. All exams are administered on the same day and at the same time.

(IMPORTANT) AIMR generally has no refund policy. The following policy for registration and enrollment fees goes into effect *immediately* upon submission of an application to AIMR:

If it is determined that you do not have a bachelor's degree or the equivalent in work experience *or* you are denied admission to the program for professional conduct reasons, your payment of registration and enrollment fees *less a US$100 processing fee will be returned to you.*

FEE SCHEDULE

Registration Fee

Applicants pay an initial registration fee upon entering the CFA Program. The registration fee is valid for a limited time period. Candidates who do not sit for the Level I examination within three years of registration must reregister to continue in the program. Those who do not complete all three examinations within seven years must also reregister. Reregistrations are accepted at the then-prevailing fees and acceptability standards.

Enrollment Fee

In addition to the initial registration fee, applicants are required to pay an enrollment fee for each examination. New registrants and reregistering candidates pay both the registration and enrollment fees. Returning candidates pay only the enrollment fee.

2002 REGISTRATION/REREGISTRATION AND ENROLLMENT FEE SCHEDULE PAYABLE IN U.S. FUNDS

Failure to pay correct amount will result in cancellation of registration

Candidates with Mailing Addresses in United States and Canada Only

Application and payment must be received by the dates indicated.	Received by AIMR on or before 31 August 2001	Received by AIMR on or before 15 October 2001	Received by AIMR on or before 3 December 2001	Received by AIMR on or before 1 February 2002	Received by AIMR on or before 1 March 2002
Registration	US$250	US$350	US$375	US$450	US$450
Enrollment	250	250	325	350	550
Total fee	US$500	US$600	US$700	US$800	US$1,000

All Other Candidates

Registration	US$250	US$350	US$375	US$450	US$450
Enrollment	250	250	325	350	550
Surcharge	50	50	50	50	50
Total fee	US$550	US$650	US$750	US$850	US$1,050

To avoid bank charges, international applicants may wish to pay their fees by credit card or money order rather than by check. Only Visa, MasterCard, American Express, Diners Club, and JCB may be used. AIMR does not accept Discover, debit cards, or other cards, and does not invoice for payment.

Registrations/reregistrations and enrollments received after 1 February will be accepted at AIMR's discretion, depending on test center space availability. AIMR does not guarantee that space will be available.

Registering after 1 February may place you at a disadvantage in relation to candidates who are already enrolled and have been studying for several months. Admission is subject to the review and processing of your application. After receipt of the Study Guide, you will also need to order or otherwise obtain the assigned textbooks.

(IMPORTANT) **AFFIX ADDRESS LABEL HERE**
(if one is located on back cover)

**CFA® PROGRAM REGISTRATION
AND ENROLLMENT FORM**

FOR STEP-BY-STEP INSTRUCTIONS ON COMPLETING
THIS FORM CORRECTLY, **REFER TO PAGES 3-4**

(PRINT LEGIBLY OR TYPE)

(1) EXAM INFORMATION You **MUST** select a test center. If you check Special Test Center, write in the name of the city. For other requests, you will receive all required forms from AIMR.
(see page 5 for codes)   TEST CENTER CODE

REQUEST: ☐ Special Test Center _______
☐ Disability Accommodations (optional)
☐ Religious Alternative Date (optional)

(2) PERSONAL INFORMATION

CHECK ONE ☐ Mr. ☐ Miss   CHECK ONE ☐ Male
☐ Ms. ☐ Mrs. ☐ Dr.   ☐ Female

National Identification Number *(check one box below)*

☐ U.S. Social Security No.   ☐ Canadian Social Insurance No.   ☐ Other Countries

Country of Residence Code
(see page 6 for codes)

FIRST (GIVEN) NAME   MIDDLE NAME OR INITIAL   LAST NAME (SURNAME)   SUFFIX

(3) MAILING INFORMATION: *Some couriers will not deliver to Post Office boxes.*
Providing a business address is highly encouraged as a preferred address.

Preferred Communication To:*
☐ Home ☐ Company

Preferred Type:
☐ Mail ☐ E-mail

HOME STREET ADDRESS   APARTMENT NUMBER   POST OFFICE BOX NUMBER

CITY   STATE/PROVINCE   COUNTRY   ZIP+4/POSTAL CODE

HOME TELEPHONE   HOME FAX

COUNTRY CODE   AREA/CITY CODE   LOCAL NUMBER   COUNTRY CODE   AREA/CITY CODE   LOCAL NUMBER

E-MAIL

COMPANY NAME   ☐ CHECK HERE IF YOU ARE SELF-EMPLOYED

COMPANY STREET ADDRESS   SUITE/FLOOR   POST OFFICE BOX NUMBER

CITY   STATE/PROVINCE   COUNTRY   ZIP+4/POSTAL CODE

COMPANY TELEPHONE   COMPANY FAX

COUNTRY CODE   AREA/CITY CODE   LOCAL NUMBER   COUNTRY CODE   AREA/CITY CODE   LOCAL NUMBER

E-MAIL

(4) EDUCATION *(indicate only highest degree received)*

(5) BIRTH DATE *(enter the month, day, year)*   19

Transcripts are not required, but random checks may be made.

All Applicants Must Select One of These Statements: [CHECK ONLY ONE]

☐ My completed college/university degree is a U.S. bachelor's degree or higher (or comparable non-U.S. degree).

Date Highest College/University Degree Received: MONTH   YEAR

☐ I am a student and will receive my U.S. bachelor's degree (or comparable non-U.S. degree) by 30 September 2002.

I have no degree. I expect to receive my degree: MONTH   YEAR
(Date must be 30 September 2002 or before)

Number of College/University Years Completed: _______

☐ I have no degree, but I have a combination of at least four years of college/university and professional work experience **or** a total of at least four years of professional work experience.

Number of College/University Years Completed: _______

If you do not have a degree, you must attach a detailed description of all current and previous full-time professional employment.
Summer, part-time, and internship positions do not qualify.

(6) PROFESSIONAL INFORMATION   **INDUSTRY CLASSIFICATION:**   **TITLE AND OCCUPATION:**   **INDUSTRY SPECIALTY:**   *(see page 6 for codes)*

(7) PAYMENT METHOD *(U.S. Dollars)*

AIMR only accepts Visa, MasterCard, American Express, JCB, and Diners Club.
AIMR does not accept Discover or debit cards.

Make check or money order payable to AIMR.
☐ Corporate Check Enclosed – Check No. _______
☐ Personal Check/Money Order Enclosed – Check No. _______

☐ Corporate Credit Card
☐ Personal Credit Card

Name as it appears on card:
____

Card Number: Expiration Date   MONTH   YEAR

SIGNATURE **X** _______

The above information must be completed correctly in order to process.

While AIMR uses reasonable efforts to communicate with you at your preferred address, at times it may need to send materials to your secondary address.

(REMEMBER!)

COMPLETE SECTIONS 8–11 ➞

THIS FORM IS FOR THE 2002 EXAM ONLY

Please answer the following eight questions by marking the appropriate boxes. Failure to answer all eight questions or to sign the Candidate Responsibility Statement will result in possible cancellation.

A. Expulsion or Suspension: Within the last five years, have you been, or are you currently, expelled or suspended from membership or participation in, or barred or suspended from being associated with an investment advisor, broker, dealer, bank, municipal securities dealer, government securities broker or dealer, a self-regulatory organization, an exchange, contract market, futures association, or equivalent entity or organization of any of the foregoing, or have you been denied trading privileges on any securities or contract market? ☐ **Yes** ☐ **No**

B. Caused Suspension, Expulsion, or Order: Within the last five years, have you by your conduct while associated with any of the entities described in #A above, been found to be a cause of any expulsion, suspension, or order of the character described in #A above? ☐ **Yes** ☐ **No**

C. Convictions: Have you ever been convicted of (a) any felony or crime punishable by more than one year in prison or (b) a misdemeanor involving moral turpitude (lying, cheating, stealing, or other dishonest conduct) or any substantially equivalent crime in any court of law? If yes, provide the date of conviction, whether conviction was for a felony (or equivalent) or misdemeanor, and description of the conduct for which you were convicted. ☐ **Yes** ☐ **No**

D. Injunctions: Within the last five years, have you been prevented by any government, self-regulatory organization, contract market, exchange, futures association, or equivalent entity or organization from: (a) acting as an investment advisor, underwriter, broker, dealer, banker, municipal securities dealer, government securities broker or dealer, transfer agent, or person required to be registered under any law or regulation; (b) acting as an affiliated person or employee of any investment company, bank, insurance company, or similar entity required to be registered under any law or regulation; or (c) engaging or continuing any conduct or practice in connection with any such activity or in connection with the purchase or sale of a security? ☐ **Yes** ☐ **No**

E. Assisting in Violation: Within the last five years, have you been found by any court, regulatory or self-regulatory agency, contract market, exchange, futures association, or equivalent entity or organization to have violated or aided, abetted, counseled, commanded, induced, or procured the violation by any person of any securities- or commodities-related law or regulation or any rule adopted pursuant to those laws or regulations? ☐ **Yes** ☐ **No**

F. Litigation or Arbitration: Within the past five years, have you been a defendant or respondent in any securities- or commodities-related civil litigation or arbitration in which your professional conduct, in either a direct or supervisory capacity, was at issue, which has been disposed of by judgment, award, or settlement for any amount exceeding US$20,000? ☐ **Yes** ☐ **No**

G. Damage Claims: Within the past five years, have you been the subject of any claim for damages by a customer, broker, or dealer that was settled for an amount exceeding US$20,000? ☐ **Yes** ☐ **No**

H. Monetary Fine: Within the past five years, have you been the subject of any disciplinary action taken by a self-regulatory organization against any member of, or person associated with, such self-regulatory organization involving suspension, termination, the withholding of commissions or imposition of fines in excess of US$20,000, or any other significant limitation of activities? ☐ **Yes** ☐ **No**

CANDIDATE PROFESSIONAL CONDUCT STATEMENT

*(to be completed **only** by previously registered candidates)*

Please answer Questions A and B by marking one of the appropriate boxes. You must mark an affirmative response if either one of the questions applies. Any matter described in Questions A and B must be disclosed, even if the matter is still pending.

Since becoming a candidate in the CFA Study and Examination Program, have you been:

A. The subject of, a defendant to, or respondent in any investigation, civil litigation, arbitration, or other action or proceeding in which your professional conduct, in either a direct or supervisory capacity, was at issue, or

B. The subject of a written complaint regarding your professional conduct in either a direct or supervisory capacity?

☐ **No** ☐ **Yes, matter currently under investigation by AIMR**
☐ **Yes, not previously disclosed to AIMR**
☐ **Yes, matter previously investigated by AIMR; review concluded**

9 **CANDIDATE RESPONSIBILITY STATEMENT**

I understand, accept, and agree to comply with all conditions, requirements, policies and procedures for the CFA Program established by the Association for Investment Management and Research, and as amended from time to time. I understand that such conditions, requirements, policies and procedures include all material set forth in the CFA Registration and Enrollment Package for this year's exam as well as AIMR and its subsidiary organization's Articles of Incorporation and Bylaws, Code of Ethics, Standards of Professional Conduct, Rules of Procedure for Proceedings Related to Professional Conduct and other conditions, requirements, procedures and policies, which may be established and amended from time to time, information about which is available by contacting AIMR at 800-247-8132 or 804-951-5499 (until 14 January 2002, 434-951-5499 beginning 1 June 2001) or on AIMR's Web site. I understand that AIMR has the authority to enforce its conditions, requirements, policies and procedures against me and may reject, suspend, or terminate my candidacy at any time or decline to award me the right to use the CFA designation for my failure to satisfactorily meet any such conditions, requirements, policy and procedures.

I understand that any dispute arising from AIMR's conditions, requirements, policies and procedures shall be governed in all respects by the law of the Commonwealth of Virginia. The exclusive forum for any such disputes shall be the state and federal courts located in the Commonwealth of Virginia.

I represent that the information contained in my application, including my response to the Professional Conduct Inquiry and Candidate Professional Conduct Statement, is truthful and complete, and I agree to notify AIMR of any material changes to my responses to any of the questions on this form including my current address(es).

10 **USE OF PERSONAL INFORMATION**

Do not release my personal information to:

☐ **Member Societies and Member Chapters**
☐ **CFA exam preparatory course providers**
☐ **Others that offer financially related services and products**
☐ **Regulatory authorities for the purpose of obtaining exemption from various regulatory examinations**

11 SIGNATURE **X**

PRINT NAME

11 DATE

PLEASE REVIEW THIS FORM TO MAKE SURE ALL INFORMATION IS COMPLETE

Registration &
Enrollment Package

✓ CANDIDATE CHECKLIST

**Before mailing your Registration & Enrollment
Form, make sure that you:**

☐ Complete *all* sections on both sides of the form
(a total of eleven sections).
Answer *all* questions.
Sign and date the Professional Conduct Inquiry and
Candidate Responsibility Statement (section 11).

☐ Enclose payment for the correct amount (either a check
made payable to AIMR or your credit card information).
For credit cards, include the month and year of the
expiration date.

☐ Retain a copy of your Registration & Enrollment Form
for your records.

☐ Write your candidate number on the front of the
Registration & Enrollment Form (do this if you have
previously registered for the exam and you have been
assigned a candidate number, but you do not have a
preprinted label for your form).

☐ Consider using an overnight carrier service so that your
Registration & Enrollment Form can be tracked if not
received by AIMR. AIMR is not responsible for lost
shipments or mail that is not received by deadlines.

CANDIDATE RESPONSIBILITIES

Sunday Examination Date:
Eastern Asia and Oceania

The 2002 CFA examinations will be offered on Sunday,
2 June, at test centers located east of 60 degrees of longitude:
Pakistan, India, Australia, most of Asia, and the island nations of
the Pacific Basin. The exam will be held on Saturday, 1 June, at
all other sites.

Special Requests for Taking the Exam

Candidates may request one or more special accommodations
— including a special test center, a disability accommodation, or
a religious alternative date — by marking the appropriate boxes
in Section 1 of the Registration & Enrollment Form. Candi-
dates who request a disability accommodation or a religious
alternative date will receive additional forms and instructions
from AIMR or these forms can be found in the Candidate
Services section of the AIMR Web site. All special request forms
and supporting documentation must be received by AIMR no
later than 1 March 2002. Because special requests may require
significant processing time, candidates are urged to register at
the earliest possible date.

Special Test Center. Candidates may request a special test cen-
ter in a locality where AIMR does not currently offer the exam.
If a special test center is approved, AIMR will require a fee of up
to US$400 per candidate to cover related expenses.

AIMR has the sole discretion to approve special test centers.
Approvals will not be announced prior to 1 February 2002.

Disability Accommodations. AIMR attempts to provide rea-
sonable accommodations for disabled candidates who cannot be
tested under ordinary conditions.

*Accordingly, no later than 1 March 2002, candidates with physi-
cal or mental disabilities* wishing to receive an accommodation
must complete AIMR's Disability Accommodations Request
Form that will be sent to the candidate or that can be found in
the Candidate Services section of the AIMR Web site. The
information the candidates will be asked to provide includes:

(1) A detailed description of the suggested accommodation; and

(2) Acceptable documentation from a licensed physician or
    mental health care provider diagnosing the disability and
    explaining the need for the suggested accommodation.

All disability-related requests and all supporting documenta-
tion must be received by AIMR no later than 1 March 2002.

Religious Alternative Date. Candidates whose religious obliga-
tions prohibit them from taking the examination on the sched-
uled date may request an alternative test date. Candidates must
complete the Religious Alternative Date Form that will be sent
to them by AIMR or that can be found in the Candidate Services
section of the AIMR Web site. The form requires the candidate
to submit a letter on official stationery from a rabbi, minister, or

other religious official confirming the conflict between taking the examination on the scheduled date and the candidate's religious obligations. The Religious Alternative Date Form and the supporting letter requesting an alternative test date must be received by AIMR no later than 1 March 2002.

Sponsors

When enrolling for Level III of the CFA exam, candidates must supply AIMR with acceptable professional sponsors. Candidates will be provided with complete information on sponsors upon successfully passing the Level II exam.

Address Changes

Address changes must be submitted to Information Central via fax, mail, or e-mail. Failure to notify AIMR of an address change may prevent or delay receipt of important information. **Changing your address will not change your test center** (see below).

Tickets

Admission tickets for the 2002 exam will be distributed in April 2002. Candidates must present the ticket and a government-issued photo identification (a passport is AIMR's preferred form of identification) for admittance on exam day. Tickets will indicate exam date, candidate number, level, room number, and test center address. Candidates should carefully examine the tickets they receive and notify AIMR immediately by phone, fax, or e-mail of any problems. Candidates should notify AIMR immediately if they have not received the ticket by 15 May 2002. **Candidates will not be permitted entry to the test room without a ticket.**

If you choose to change your test center after your Registration & Enrollment Form is submitted, you will be **required to pay a fee of US$100.** Requests for changes that are not accompanied by payment will not be honored. AIMR will not accept test center changes received after 29 March 2002. **If you do not select a test center, you will not be permitted to take the exam.**

Before the Exam

AIMR recommends that you visit your test center prior to exam day to become familiar with traffic patterns, parking availability, and public transportation options or constraints.

Calculator Policy

On exam day, candidates are permitted to use two models of business calculator: either the *Texas Instruments BAII Plus* or the *Hewlett-Packard 12C*. You are encouraged to purchase and practice with one of these calculators. If you wish to bring a back-up calculator with you to the exam, it must be one of these two models.

Both calculators are available through retail. Purchasing information can be found on the Internet as follows:

Texas Instruments	www.ti.com/calc/docs/baiip.htm
Hewlett-Packard	www.shopping.hp.com/

Prior to entering the exam room, all programmable calculator memory must be cleared. Proctors are instructed to confiscate unauthorized calculators.

Test Center Regulations

Test center supervisors and proctors enforce a number of test center regulations to ensure that all candidates are provided with an appropriate testing environment. These regulations include:

- *Identification.* Proctors will deny admission to anyone who does not present an acceptable form of identification. To be considered acceptable, the identification must be current and valid, must contain your photo, must be issued by a government agency and *must be a single document.* There are no exceptions to this policy.
- *Pledge.* Candidates will be required to sign a pledge that they have not given or received assistance during the exam.
- *Test administration.* The proctors will tell candidates when to start and stop work on each separately timed section.
- *Time.* Proctors will keep the official time. Candidates may take noiseless watches to the test center. Beeping watches are not permitted.
- *Testing staff.* Testing staff may circulate throughout the testing room to ensure that candidates are adhering to the conditions, requirements, policies, and procedures for taking the CFA exam.
- *Recording answers.* All multiple choice and item set answers must be recorded on your answer sheet using a number two, or HB, pencil. All essay answers for Levels II and III must be recorded in English on the correct answer book pages using blue or black ink. Answers recorded on the question pages will not be scored.
- *Scratch paper.* Scratch paper is not permitted.
- *Irregularities.* Supervisors will report any irregularity that occurs during the exam to AIMR.
- *Testing materials.* All test materials, including test books and answer sheets, are the property of AIMR and must be returned to AIMR by test supervisors after every administration. Candidates may not remove any materials from the exam center. If you do not return your test book and answer sheet before you leave the test room, your exam will not be graded. Legal action may be taken against any candidate who removes a test book and/or reproduces it.

Misconduct

If you engage in any misconduct during the test—such as creating a disturbance; giving or receiving help; working on or reading the test during a time not authorized by the proctor; removing test materials or notes from the testing room; taking part in an act of impersonation or other forms of cheating; failing to follow the directions of test center staff; failure to follow AIMR's conditions, requirements, policies or procedures; or using books, unapproved calculators, headsets, rulers, listening devices, paging devices (beepers), cellular phones, recording or photographic devices, papers of any kind, or other aids—you may be dismissed from the test center and may be subject to other penalties for misconduct, including voiding of exam results and suspension or termination of your candidacy in the CFA Program.

Candidates are "covered persons" under AIMR Bylaws and the Rules of Procedure for Proceedings Related to Professional Conduct (Rules of Procedure). Therefore, any proceeding/investigation of a candidate's alleged misconduct is considered a professional conduct matter and conducted pursuant to the Rules of Procedure. The Rules of Procedure can be found on the AIMR Web site or by calling Information Central at the number on the inside front cover.

Liability for Personal Articles

AIMR cannot be held responsible for lost, damaged, or stolen personal property during the administration of the exams and discourages candidates from bringing personal belongings into the exam room. During the exam, all personal articles must be placed in the designated area, away from the candidates' desks. You are permitted to have only the test book, answer sheet, calculator, and writing instruments at your desk. You may not keep textbooks, calculator instruction manuals, phones, scratch paper, purses, pencil cases, calculator covers, or any other material at your desk. During the lunch break, you must take your personal possessions with you.

Testing Concerns

Any inquiries concerning test questions or complaints concerning test conditions must be received by AIMR in writing by 30 June 2002. Indicate your name, address, candidate number, test center location, and provide a specific description of your inquiry or complaint. Mail the information to AIMR, Department C, at the address found on the inside front cover. AIMR will not accept or respond to any test question inquiries or complaints received after 30 June 2002.

Reservation of Right to Cancel Exam

AIMR may determine to change the date, time, or conditions of the administration of the exam or cancel the administration of the exam, either entirely or at a particular exam site or sites, if AIMR, in its sole discretion, determines that any such action is needed to protect the integrity of the CFA Program or because administration of the exam is hindered by any cause that could not be reasonably prevented by AIMR, including acts of God, a public enemy, or a military authority; or fire, flood, earthquake, storm or other natural disaster.

Policy Changes

AIMR may change its policies, procedures, rules and regulations governing the CFA Program and AIMR membership from time to time. Candidates and members are required to adhere to the revised policies, procedures, and rules and regulations, which will be published in various AIMR publications including the *CFA Candidate Bulletins*, AIMR newsletters, AIMR Bylaws, and on AIMR's Web site at www.aimr.org.

CFA LEVEL I Sample Test

ETHICS

1. The AIMR Code of Ethics specifically addresses all of the following EXCEPT :
    A. competence.
    B. integrity and dignity.
    C. independent judgment.
    D. importance of contractual obligations.

2. According to the AIMR Code of Ethics, members must practice, and encourage others to practice, in a professional and ethical manner that will :
    A. reflect credit on members and their profession.
    B. add value for clients, prospects, employers, and employees.
    C. maintain the excellent reputation of AIMR and its members.
    D. encourage talented and ethical individuals to enter the investments profession.

3. Which of the following concepts does the AIMR Code of Ethics include?
    I . Integrity and dignity
    II . Independent judgment
    III . Competence
    IV . Contractual provisions
    A. I only.
    B. II and IV only.

C. I , II and III only.

D. I , II , III and IV.

4. An AIMR member resides in Country A, where securities laws are more strict than the AIMR Standards of Professional Conduct, and does all of his business in Country B, where securities laws are less strict than the AIMR Standards. The laws of Country A apply to the member's professional conduct, but those laws state that conduct is governed by the laws of the locality in which business is conducted. According to the AIMR Standards of Practice Handbook, the member has a duty to adhere to :

A. the laws of Country A.

B. the laws of Country B.

C. AIMR Standards of Professional Conduct.

D. a basic standard of competence and diligence.

5. The AIMR Standards of Professional Conduct state that a financial analyst shall not, when presenting material to others, "copy or use in substantially the same form, material prepared by another person without acknowledging its use and identifying the name of the author or publisher of such material." The analyst, however, may use information from other sources without acknowledgment if the information :

A. includes the analyst's own conclusions.

B. is only being reported in a one-to-one client presentation.

C. is only being reported to the analyst's employer or associates.

D. is factual information published in recognized financial and statistical reporting services.

6. The AIMR Standards of Professional Conduct specifically require that an AIMR member must inform his or her employer, in writing, about the Standards only if the member works at a company that :

    A. provides investment advice directly to clients.

    B. employs 25 or more investment professionals.

    C. has not previously employed AIMR members.

    D. has not publicly acknowledged, in writing, AIMR Standards as part of the company's policies.

7. According to the AIMR Standards of Practice Handbook, AIMR members are permitted to :

    A. depend on coworkers, who are AIMR members, to fulfill the obligation of informing employers of the Code and Standards.

    B. use in research reports, without acknowledgment, materials prepared by an AIMR member employed by another company.

    C. be excused for a lack of knowledge of the laws and regulations of countries in which they provide investment services, but not of the country in which they live and work.

    D. waive the requirement to inform their employer, in writing, that AIMR members are obligated to comply with the Code and Standards, if the employer has acknowledged, in writing adoption of the Code and Standards.

8. AIMR members with supervisory responsibility are :

A. not expected to prevent violations of laws, rules, and regulations by non-AIMR member employees.

B. expected to establish and implement written compliance procedures about applicable statutes, regulations, and provisions of the AIMR Code and Standards.

C. in compliance with AIMR Standards after warning an offending employee to stop violating the applicable statutes, regulations, and provisions of the AIMR Code and Standards.

D. expected to evaluate personally the conduct of their employees concerning applicable statutes, regulations, and provisions of the AIMR Code and Standards on a continuing basis regardless of how many employees they supervise.

9. George Moses, CFA, analyzes Technicorp for a brokerage company. Extensive study has led Moses to rate Technicorp as a "hold," largely because of increasing competition in the industry. At a recent AIMR Society meeting, Moses discussed Technicorp's prospects with two other analysts. Although the other analysts did not give a reason, both said that Technicorp was about to experience rapid earnings growth. Given the circumstances in which he issued the "buy" recommendation, Moses :

A. complied with the AIMR Standards of Professional conduct.

B. violated the AIMR Standards because he copied the opinions of others.

C. violated the AIMR Standards because he did not seek

approval of the change from his supervisor.

D. violated the AIMR Standards because he did not have a reasonable and adequate basis for his recommendation.

10. The corporate finance department of an investment-banking firm decides to compete for the business of ETV Corporation. Knowing that the firm's brokerage department has a "sell" recommendation on ETV, the director of the corporate finance department writes a letter to the director of the brokerage department asking that the recommendation be changed to "buy." According to the AIMR Standards of Practice Handbook, the best action for the brokerage department to take is to :

A. assign a new analyst to decide if the stock should receive a "buy" recommendation.

B. have the director of the corporate finance department review the recommendation for the stock rating to ensure its accuracy.

C. change the recommendation to "buy" only after receiving written direction from the director of the corporate finance department.

D. remove ETV Corporation from the research universe and put it on a restricted list giving only factual information about the company.

해답

▶ 1 : D ▶ 2 : A ▶ 3 : C ▶ 4 : C ▶ 5 : D ▶ 6 : D ▶ 7 : D ▶ 8 : B ▶ 9 : D ▶ 10 : D

QUANTITATIVE METHODS

1. An investor wants to have $1 million when she retires in 20 years. If she can earn a 10 percent annual return, compounded annually, on her investment, the lump-sum amount she would need to invest today to reach her goal is closest to :
    A. $100,000.
    B. $117,459.
    C. $148,644.
    D. $161,506.

2. An investment promises to pay $100 one year from today, $200 two years from today, and $300 three years from today. If the required rate of return is 14 percent, compounded annually, the value of this investment today is closest to :
    A. $404.
    B. $444.
    C. $462.
    D. $516.

3. An individual deposits $10,000 at the beginning of each of the next 10 years, starting today, into an account paying 9 percent interest compounded annually. The amount of money in the account at the end of 10 years will be closest to :
    A. $109,000.
    B. $143,200.
    C. $151,900.
    D. $165,600.

4. A portfolio of non-dividend paying stocks earned a geometric mean return of 5.0 percent between January 1, 1994, and December 31, 2000. The arithmetic mean return for the same period was 6.0 percent. If the market value of the portfolio at the beginning of the 1994 was $100,000, the market value of the portfolio at the end of 2000 was closest to :

   A. $135,000.

   B. $140,710.

   C. $142,000.

   D. $150,363.

5. What is the arithmetic mean of the rate of return for JSI's common stock over the four years?

   A. 8.62%.

   B. 9.25%.

   C. 14.00%.

   D. 14.25%.

6. What is the geometric mean of the rate of return for JSI's common stock over the four years?

   A. 8.62%.

   B. 9.25%.

   C. 14.21%.

   D. It cannot be calculated because of the negative return in 1995.

7. A portfolio realized a 10 percent return in Year 1 and a -10 percent return in Year 2. The geometric mean return for the two-year period is :

A. -0.500%.

B. 0.000%

C. 0.990%

D. 0.995%.

8. An analyst gathered the following data :

63.5	96.9	112.3	134.1
66.4	98.2	116.2	138.5
75.6	99.5	116.9	139.8
77.5	100.7	118.3	140.7
84.4	102.0	122.0	143.0
87.6	105.5	122.2	153.9
89.9	108.4	124.5	155.5

In constructing a frequency distribution using five classes, if the first class is "60 up to 80", the class frequency of the third class is :

A. 4.

B. 5.

C. 6.

D. 8.

9. The annual rate of return for JSI' s common stock has been :

	1993	1994	1995	1996
Return	14%	19%	-10%	14%

What are the median and mode of the rate of return for JSI' s common stock?

	Median	Mode
A.	9.25%	14.5%
B.	14%	undefined

C.   14%   14%

D.   14.5%   14%

10. An analyst gathered the following data in a frequency distribution :

Class	Frequency
0 up to 10	2
10 up to 20	5
20 up to 30	6
30 up to 40	3

The mean and median of the data in the frequency distribution are closest to :

	Mean	Median
A.	21.25	25.00
B.	21.25	21.67
C.	25.00	21.67
D.	25.00	25.00

해답

▶ 1 : C ▶ 2 : B ▶ 3 : D ▶ 4 : B ▶ 5 : B ▶ 6 : A ▶ 7 : A ▶ 8 : D ▶ 9 : C ▶ 10 : B

ECONOMICS

1. The type of budget deficits least likely to be inflationary :
    A. Occurs because tax revenues fall as the result of a business recession.
    B. Occurs even though the resources of the economy are fully employed.
    C. Occurs because of a sharp increase in governmental income transfer payments while the economy is operating at its full-employment level.
    D. Is financed by borrowing, perhaps indirectly, from the central bank.

2. In macroeconomics, the crowding-out effect refers to :
    A. the impact of government deficit spending on inflation.
    B. increasing population pressures and associated movements toward zero population growth.
    C. a situation where the unemployment rate is below its natural rate.
    D. the impact of government borrowing on interest rates and private investment.

3. According to new classical economists, financing a reduction in current taxes by government borrowing will most likely result in aggregate demand being :
    A. decreased.
    B. increased.
    C. unaffected.

D. increased or reduced, depending on interest rate levels.

4. When considering potential supply-side effects on economic activity, the key relationship is between :
  A. tax rates and output.
  B. tax revenues and the business cycle.
  C. output and the business cycle.
  D. tax rates and tax revenues.

5. The public decides to decrease its holdings of currency and to increase its holdings of checking account funds by an equal amount. If the Federal Reserve does not take any offsetting actions, how will the money supply be affected?
  A. The money supply will decrease.
  B. Although the action does not directly affect the money supply, it will reduce the excess reserves of banks and tend to indirectly reduce the money supply.
  C. Although the action does not directly affect the money supply, it will increase the excess reserves of banks and tend to increase the money supply because banks may expand their loans.
  D. There will be no impact as the increase in checking account holdings will offset the decrease in currency holdings.

6. The major function of the Federal Reserve System (central bank) is to :
  A. maintain the safety and soundness of banks and other savings institutions.

B. carry out monetary policy.

C. serve as the country's lender of last resort.

D. implement fiscal policy.

7. Based on historical data and assuming less-than-full employment, periods of sharp acceleration in the growth rate of the money supply tend to be associated initially with :

A. periods of economic recessions.

B. an increase in the velocity of money.

C. a rapid growth of gross domestic product.

D. reductions in real gross domestic product.

8. According to the adaptive expectations hypotheses, when the inflation rate is accelerating, individuals would be most likely to :

A. overestimate the future inflation rate.

B. underestimate the future inflation rate.

C. assume the future inflation rate will eventually decline.

D. assume the future inflation rate will continue to accelerate.

9. When the inflationary side effects of expansionary government macroeconomic policies are anticipated quickly, the primary impact of a demand stimulus is a(n) :

A. increase in output.

B. increase in the price level.

C. decrease in unemployment.

D. increase in aggregate supply.

10. For most products, the long-run price elasticity of demand is :

A. less than the short-run price elasticity of demand.

B. greater than the short-run price elasticity of demand.

C. more likely to increase than is the short-run price elasticity of demand.

D. more likely to decrease than is the short-run price elasticity of demand.

▶ 1 : A ▶ 2 : D ▶ 3 : C ▶ 4 : A ▶ 5 : C ▶ 6 : B ▶ 7 : C ▶ 8 : B ▶ 9 : B ▶ 10 : B

ACCOUNTING

1. If a company recognizes revenue earlier than justified under accrual accounting, which of the following best describes the impact on accounts receivable and inventory, respectively?

	Accounts Receivable	Inventory
A.	Overstated	Overstated
B.	Overstated	Understated
C.	Understated	Overstated
D.	Understated	Understated

2. In the Statement of Cash Flows, which of the following best describes whether interest received and interest paid, respectively, are classified as operating or investing cash flows?

	Interest Received	Interest Paid
A.	Operating	Operating
B.	Operating	Investing
C.	Investing	Operating
D.	Investing	Investing

Question 3 through 5 should be answered according to the provisions of SFAS 95 Statement of Cash Flows and using the following data.

Cash payment for interest	$(12)
Retirement of common stock	(32)
Cash payments to merchandise suppliers	(85)
Purchase of land	(8)
Sale of equipment	30

Payment of dividends	(37)
Cash payment for salaries	(35)
Cash collection from customers	260
Purchase of equipment	(40)

3. Cash flows from operating activities are :
    A. $91.
    B. $128.
    C. $140.
    D. $175.

4. Using the data above, cash flows from investing activities are :
    A. − $67.
    B. − $48.
    C. − $18.
    D. − $10.

5. Using the data above, cash flows from financing activities are :
    A. − $81.
    B. − $69.
    C. − $49.
    D. − $37.

6. A firm has net sales of $3,000, cash expenses (including taxes) of $1,400 and depreciation of $500. If accounts receivable increase over the period by $400, cash flow from operations equals :
    A. $1,200.
    B. $1,600.

C. $1,700.
D. $2,100.

7. For companies in an expansion phase, capitalization of interest may result in a gain in earnings over an extended period because :
  A. the amount of interest amortization will not catch up with the amount of interest capitalized in the current period.
  B. the average projected expenditures for the period exceed specific borrowings.
  C. the cost of financing project debt exceeds the cost of equity financing.
  D. earnings are greater under capitalization than under the expense method over the life of the qualifying asset.

8. When analyzing a company's leverage and liquidity, an analyst should consider deferred tax liabilities on a company's balance sheet :
  A. as equity.
  B. as long-term debt.
  C. as short-term debt.
  D. on a case-by-case basis.

9. An analyst should consider whether a company acquired assets through a capital lease or an operating lease because the company may structure :
  A. operating leases to look like capital leases to enhance the company's leverage ratios.
  B. operating leases to look like capital leases to enhance the

company's liquidity ratios.

C. capital leases to look like operating leases to enhance the company's leverage ratios.

D. capital leases to look like operating leases to enhance the company's liquidity ratios.

10. Which of the following is NOT an example of off-balance sheet financing?

A. Participating in joint ventures.

B. Using take-or-pay arrangements.

C. Issuing convertible preferred stock.

D. Selling accounts receivable to an unrelated party with limited recourse.

해답

▶1 : B ▶2 : A ▶3 : B ▶4 : C ▶5 : B ▶6 : A ▶7 : A ▶8 : D ▶9 : C ▶10 : C

ASSET VALUATION

1. Which of the following best describes a securities exchange that uses a call auction system to determine prices for a security.
    A. market makers or specialists are setting prices.
    B. prices are being determined for call options on the security.
    C. a single market price is established for all executed orders.
    D. prices are being determined for transactions off the floor of the exchange.

2. The divisor for the Dow Jones Industrial Average (DJIA) is most likely to decrease when a stock in the DJIA :
    A. has a stock split.
    B. has a reverse split.
    C. pays a cash dividend.
    D. is removed and replaced.

3. A market anomaly refers to :
    A. an exogenous shock to the market that is sharp but not persistent.
    B. a price or volume event that is inconsistent with historical price or volume trends.
    C. a trading or pricing structure that interferes with efficient buying and selling of securities.
    D. price behavior that differs from the behavior predicted by the Efficient Market Hypothesis.

4. An analyst gathered the following information about a common stock :

- Annual dividend per share $2.10
- Risk free rate   7%
- Risk premium for this stock   4%

If the annual dividend is expected to remain at $2.10, the value of the stock is closest to :

A. $19.09.
B. $30.00.
C. $52.50.
D. $70.00.

5. If all other factors remain unchanged, which one of the following events would most likely reduce a firm's price/earnings multiple?

A. The dividend payout ratio increases.
B. Investors become less risk averse.
C. The level of inflation is expected to decline.
D. The yield on Treasury bills increases.

6. An analyst gathered the following information about a company :

1999 net sales	$10,000,000
1999 net profit margin	5.0%
2000 expected sales growth	-15.0%
2000 expected profit margin	5.4%
2000 expected common stock shares outstanding	120,000

The company's 2000 earnings per share is closest to :

A. $3.26.

B. $3.72.

C. $3.83.

D. $4.17.

7. Technical analysis is best characterized by which of the following sets of assumptions?

    A. Security prices adjust rapidly to new information, and liquidity is provided by securities dealers.

    B. Security prices adjust rapidly to new information, and market prices are determined by the interaction of supply and demand.

    C. Security prices adjust gradually to new information, and liquidity is provided by securities dealers.

    D. Security prices adjust gradually to new information, and market prices are determined by the interaction of supply and demand.

8. Yields on nonconvertible preferred stock are usually lower than yields on bonds of the same company because of differences in :

    A. marketability.

    B. risk.

    C. taxation.

    D. call protection.

9. A firm's preferred stock often sells at yields below its bonds because :

    A. preferred stock generally carries a higher agency rating.

    B. owners of preferred stock have a prior claim on the firm's earnings.

C. owners of preferred stock have a prior claim on a firm's assets in the event of liquidation.

D. corporations owning stock may exclude from income taxes most of the dividend income they receive.

10. If an investor's required return is 12 percent, the value of a 10-year maturity zero-coupon bond with a maturity value of $1,000 is closest to :

A. $312.

B. $688.

C. $1,000.

D. $1,312.

해답

▶ 1 : C ▶ 2 : A ▶ 3 : D ▶ 4 : A ▶ 5 : D ▶ 6 : C ▶ 7 : D ▶ 8 : C ▶ 9 : D ▶ 10 : A

ALTERNATIVE & PORTFOLIO

1. Which of the following is the most valid justification for including real estate as part of an investment portfolio?
    A. low correlation of real estate with stocks and bonds.
    B. low management and information costs.
    C. low project-specific risk.
    D. high liquidity.

2. Which of the following statements best characterizes leverage in a real estate context?
    A. The risk of a real estate investment is lower with negative leverage than with positive leverage.
    B. The return on a real estate investment is positive with positive leverage but negative with no leverage.
    C. The return of invested equity is higher with positive leverage than with negative leverage if a property's return exceeds its debt cost.
    D. The market value of a property is higher with positive leverage than with negative leverage if the yield curve on debt is upward sloping.

3. A real estate valuation approach that uses information about past transactions involving properties that are similar to the subject property is the :
    A. cost approach.
    B. income approach.
    C. comparative sales approach.

D. discounted cash flow approach.

4. The net operating income (NOI) figure used in valuing an income property is calculated by subtracting which of the following from the property's gross potential rental income?
Ⅰ. interest on debt financing.
Ⅱ. income taxes.
Ⅲ. property taxes.
   A. Ⅰ only.
   B. Ⅱ only.
   C. Ⅲ only.
   D. Ⅰ, Ⅱ and Ⅲ.

5. Which of the following statements typically does NOT characterize the structure of an investment company?
   A. an investment company adopts a corporate from of organization.
   B. an investment company invests a pool of funds belonging to many investors in a portfolio of individual investments.
   C. an investment company receives an annual management fee ranging from 3 to 5 percent of the total value of the fund.
   D. the board of directors of an investment company hires a separate investment management company to manage the portfolio of securities and to handle other administrative duties.

6. According to the provisions of a typical corporate defined-benefit pension plan, the employer is responsible for :

A. paying benefits to retired employees.

B. investing in conservative fixed-income assets.

C. counseling employees in the selection of asset classes.

D. maintaining an actuarially determined, fully funded pension plan.

7. Which of the following statements best reflects the importance of the asset allocation decision to the investment process? The asset allocation decision :

A. helps the investor decide on realistic investment goals.

B. identifies the specific securities to include in a portfolio.

C. determines most of the portfolio's returns and volatility over time.

D. creates a standard by which to establish an appropriate investment time horizon.

8. Which of the following is NOT an implication of risk aversion for the investment process?

A. The security market line is upward sloping.

B. The promised yield on AAA-rated bonds is higher that on A-rated bonds.

C. Investors expect a positive relationship between expected return and expected risk.

D. Investors prefer portfolios that lie on the efficient frontier to other portfolios with equal rates of return.

9. An investor is considering adding another investment to a portfolio. To achieve the maximum diversification benefits, the investor should add an investment that has a correlation

coefficient with the existing portfolio closest to :

    A. -1.0.

    B. -0.5.

    C. 0.0.

    D. +1.0.

10. Capital Asset Pricing Theory asserts that portfolio returns are best explained by :

    A. diversification.

    B. systematic risk.

    C. economic factors.

    D. specific risk.

해답

▶1 : A ▶2 : C ▶3 : C ▶4 : C ▶5 : C ▶6 : A ▶7 : C ▶8 : B ▶9 : A ▶10 : B

국제재무분석사 완전합격가이드

지은이 한국증권금융연구소 CFA교육팀 ‖ 펴낸이 정혜옥
초판 펴낸날 2001년 12월 30일 ‖ 개정판2쇄 펴낸날 2009년 10월 30일
펴낸곳 굿인포메이션 ‖ 출판등록 1999년 9월 1일 제1-2411호
주소 135-280 서울시 강남구 대치동 938 삼환아르누보빌딩Ⅱ 720, 721호
홈페이지 www.goodinfobooks.co.kr ‖ E-mail ok@goodinfobooks.co.kr
대표전화 929-8153~4 ‖ 팩스 929-8164

ISBN 89-88958-17-9 14320
ISBN 89-88958-15-2(SET)

■ 잘못된 책은 본사나 구입하신 서점에서 바꾸어 드립니다.